나를 변화시킨 한마디
긍정의 말
초판: 1쇄 인쇄 2022년 12월 02일
초판: 1쇄 발행 2022년 12월 15일

지은이: 이대희
펴낸곳: 북팜
주 소 : 서울 마포구 연남로 30
전 화: 02) 337-0549
팩 스: 02) 337-0546

정가: 12,000원

■파본이나 잘못된 책은 구입하신 곳에서 교환하여 드립니다.

| 나를 변화시킨 한마디 |

긍정의 말

· 이대희 지음 ·

북팜

프롤로그

'긍정의 말' 한마디로 나의 인생을 크게 하라

마크 트웨인은 "한마디 격려는 우리를 한 달 동안 기쁘게 할 수 있다"고 했다. 행복한 한 마디를 들으면 하루가 즐겁다. 힘나는 책 한 구절로 마음에 새긴 하루는 갑자기 경이롭기 까지 하다. 사람은 언어의 동물이다. 사람의 마음과 영혼은 말과 글을 통해 따스하게 된다. 사람은 밥만 먹어서는 살수 없다. 긍정의 말 한마디를 들으면 하루가 행복하다. 아침에 읽은 좋은 한 구절은 하루의 배고픔을 이기게 한다. 사람은 말과 글을 통해 변화되고 용기를 얻는다. 지혜와 긍정의 한 구절을 밥과 같이 먹으면 몸과 마음이 건강하게 될 것이다.

한 마디 말, 한 줄 글이 인생을 바꾸는 예는 수없이 많다. 어디선가 우연히 읽은 책 한 구절은 평생을 이끌어가는 힘이 된다. 아내의 말 한마디가 남편의 인생을 바꾸고, 부모의 말 한마디가 자녀의 인생을 바꾼다. 또한 스승의 한마디가 제자의 인생을 바꾼다. 좋은 말을 하려면 평소에 좋은 생각과 좋은 마음을 가지면 된다. 언제나 마음에 있는 것이 나오게 되어 있다. 좋은 생각을 갖게 하는 지혜로운 긍정의 한 구절을 매일 곱씹어 보면서 마음의 양식을 삼자. 그렇게 되면 나도 모르게 긍정의 말이 나오고 지혜의 생각으로 어려움을 이길 수 있다. 뿐만 아니라 하는 일과 업무에 놀라운 통찰력과 영감을 얻게 된다.

어쩌다 가슴을 울리는 좋은 한 구절을 발견하는 것처럼 행복한 일은 없다. 한마디만 가져도 책 한 권을 거뜬히 쓸 수 있다. 1% 영감은 말과 글속에 들어 있다. 그것은 99%의 노력과 도전을 이끌어 내는 힘이다. 그래서 사람들은 책을 읽는다. 영감을 주는 한 구절만 발견해도 책 한권의 가치는 그 이상이다.

세계 경영학의 대부였던 피터 드러커는 이런 말을 했다. "나는 내가 앞으로 무엇을 하든지 간에 음악가였던 베르디의 그 교훈을 인생의 길잡이로 삼겠다고 결심했다. 나이를 먹더라도 포기하지 않고 계속 정진하리라고 굳게 마음먹었다. 살아가는 동안 완벽은 언제나 나를 피해 갈 테지만, 그렇지만 나는 또한 언제나 완벽을 추구하리라고 다짐했다." 그가 자기 인생의 교훈과 길잡이로 삼았던 베르디의 한 구절은 다음과 같다.

> "음악가로서 나는 일생 동안 완벽을 추구해 왔다. 완벽하게 작곡하려고 애썼지만, 하나의 작품이 완성될 때마다 늘 아쉬움이 남았다. 때문에 나에게는 분명 한 번 더 도전해 볼 의무가 있다고 생각한다."
>
> – 베르디

인종 차별과 불우한 가정환경과 부모의 이혼과 죽음 등 여러 가지 정신적인 어려움을 겪었고, 십 대 시절에는 마약까지 손을 대기도 했던 미국 오바마 대통령은 "할 수 있다"는 격려 한마디가 그에게 꿈과 희망을 주었고, 결국 세계 최초의 흑인 대통령이라는 감격을 맛보았다. 이처럼 긍정의 한마디와 한 구절은 우리의 인생을 다시 바라보게 하는 위대한 힘이다.

우리는 살면서 '운명을 바꾼 말 한마디'라는 표현을 많이 한다. 특히 좋은 한마디 말은 한 사람의 인생여정을 바꾸는 힘이 있다. 운명의 말이란 금언이나 경구처럼 특별한 것만은 아닌 주변에서 들을 수 있는 평범한 말 한마디도 가능하다. 어느날 신문에서 우연히 읽는 한 구절이 될 수도 있고, 커피집에서 본 광고카피가 될 수도 있다. 아니면 스피커에 들어오는 노래의 가사 한 구절이 나의 가슴을 울리게 할 수 있다.

영화 〈대부〉의 명배우 알 파치노는 우연히 들은 노래 가사에서 재기의 힘을 얻는다. 배우로서 전성기이던 40대 중반, 그는 한 영화의 흥행 참패로 실의에 젖어 알코올중독에 빠져든다. 그러던 어느날 우연히 그는 프랭크 시내트가 부른 '마이 웨이' 노래를 듣게 된다. "난 내가 해야 할 일을 했고, 예외없이 끝까지 해냈지. 그리고 그보다 뜻깊은 건 난 항상 내 방식대로 살았다는 거야(I did what I had to do, And saw it through without exemption. And more, much more than this I did it my way)." 알 파치노는 갑자기 이 대목을 듣는 순간 그는 "내 길을 가야겠다"는 생각을 갖게 된다. 그리고 긴 악몽의 터널에서 벗어나 본래의 자기의 길을 찾아간다.

여기에 소개하는 '긍정의 말' 한 마디는 필자가 그동안 설교나 강연과 강의를 위해 준비하면서 가슴에 와 닿는 구절을 평소에 메모해 두었던 내용들이다. 그냥 버리기 아까워 모은 10여년의 오래전의 것들을 다시 꺼내 필자의 생각을 간단히 정리해서 독자들에게 소개한다. 경제적 수준이 좋아졌음에도 왠지 살기는 더 힘들어 졌다. 여기 저기 힘들어 하는 사람들이 생각 보다 많다. 그런 사람을 보노라면 마음이 아프고 무언가 도움을 주어야 하는데 여의치 않아 늘 가슴이 저린다. 그래서 여기 지혜와 힘나는 긍정의 말 한 마디를 모아서 소박한 마음의 밥상을 차렸다. 편안하게 어디서든지 머리에 놓고 마음의 양식을 삼는 책이 되기를 바란다. 인생이 힘들고 마음이 답답할 때, 무언가 새로운 것을 찾아야 할 때, 인생의 본질을 잃어 갈 때, 자기를 한번 돌아보는 긍정의 친구가 될 수 있다. 또한 이 책은 부모, 자녀, 학생, 직장인들을 위한 마음과 생각을 가꾸는 인성교육서로 사용해도 좋을 것이다. 사랑하는 사람을 격려하는 긍정의 선물로도 적절하다.

이 책에는 평소에 우리가 만나고 싶었던 잘 아는 위인들로 가득차 있다. 짧은 만남이지만 그들이 던진 말 한마디에서 깊은 인생의 의미를 깨닫고 새로운 비전을 품었으면 한다. 필자에게 주었던 작은 감동들이 이 책을 읽는 독자들에게도 조용히 스며들기를 소원한다.

도촌동에서 이대희

차례

프롤로그 '긍정의 말' 한마디로 나의 인생을 크게 하라 04

봄

우리가 진정 배울 것은 16 | 모든 것은 과정이다 17 | 재미있게 사는 법 19 | 전반 40년, 후반 30년 21 | 승자와 패자 23 | 감사하는 자가 받는 복 28 | 인생, 한번이면 충분하다 30 | 변하는 것 32 | 죽음이 어려운 이유 33 | 진정한 보물 35 | 비겁한 일 36 | 사람의 모습을 보면서 38 | 필요한 분량 39 | 세상을 보는 방법 40 | 두가지 법칙 41 | 증명할 수 없는 것 43 | 한 사람만 빼놓고 44 | 생각하는 갈대 45 | 인간이 불행한 것은 46 | 짧은 인생 인데 47 | 인생과 기술 48 | 인생의 의미는 49 | 통계와 수치로만 50 | 꼭 기억해야 할 것 52 | 순종하는 자와 거역하는자 53 | 자살의 의미 55 | 갑자기 얻은 재물 56 | 잠재력 57 | 치료법이 없거든 59 | 원수 때문에 힘들지 마라 60 | 두 가지 인생의 목표 61 | 지식보다 지혜다 62 | 적어도 30세에는 64 | 종교의 참 모습 66 | 누구나 도울 수 있다 67 | 비참한 사람은 누구인가? 68 | 이런 광고 69

여름
2부

성공의 길 74 | 행복한 사람 76 | 인생에서 가장 중요한 것 78 | 사람의 종류 80 | 물음과 대답 82 | 행복을 느끼는 사람은 84 | 둘 중에 하나다 86 | 내면의 싸움 88 | 인생사의 핵심 90 | 진실이 담긴 것 92 | 돈은 쓰기 나름이다 94 | 인생의 여러개 방들 95 | 결국은 그렇게 되는데… 97 | 임무를 마치고 떠난 사람들 99 | 인생에 가장 중요한 것 101 | 늙기에도 바쁘다 103 | 내 인생에서 결심 105 | 마흔살 때 부터 107 | 묵묵히 자신의 길을 가라 108 | 이 짧은 인생을 어떻게 110 | 앞장 서서 가라 112 | 모든 나이에는 114 | 인생이란 본래 그런 것이다 116 | 떠나는 인생에게 118 | 신앙과 노동 120 | 고통스러운 사람에게 121 | 한결 같은 목표를 가진 사람 123 | 집중력이 문제다 125 | 진정한 기쁨을 찾아라 127 | 이런 마음을 가지고 살자 129 | 중요한 것은 나 자신이다 131 | 옳게 사는 것 133 | 인생을 결정하는 것 135 | 정신능력이 승부를 가른다 137 | 이 방법을 사용해 보라 139 | 그 나이에 필요한 것 141 | 운명아 비켜라 143 | 열살 때 이미 145 | 어린시절에 맛보는 고독 147

가을 3부

인생의 준비기간 150 | 외부에서냐? 내면에서냐? 152 | 오히려 나이가 들수록 154 | 전심전력 1 156 | 전심전력 2 157 | 내가 바라는 것은 158 | 나이가 들어가면서 160 | 몇 가지 목표에만 집중하라 162 | 노인이 해야 할 일 164 | 개혁을 성공할려면 166 | 수고로운 인생에게 167 | 두 사람의 차이 169 | 우리를 슬프게 하는 것들 170 | 위인이 될려면 173 | 양면을 이야기 하자 174 | 부귀가 더 힘들다 176 | 할 수 있는 일, 할 수 없는 일 177 | 젊은 시절을 잘 보내야 179 | 정해진 길 181 | 두 사람 184 | 산다는 것 186 | 성공의 첫걸음 188 | 인생 무대 190 | 영웅과 범인의 차이점 192 | 돈을 쓰는 지혜 194 | 자연이 주는 유익 195 | 취임사 197 | 가능한 많이 느끼라 199 | 파랑새 찾기 201 | 영웅이란 203 | 인생의 낙 205 | 기묘한 이야기 206 | 행복의 원리 207 | 참 기쁨은 209

겨울 *4부*

하루의 비유 212 | 가난한자나 부자나 모두 일반이다 214 | 우리가 가져야 할 장점 216 | 늘 우리를 맞아 주는 것 218 | 자연의 섭리를 배우라 220 | 손해에서 이익을 얻으라 222 | 현재가 소중하다 224 | 생각하는 사람 225 | 한 마리의 제비를 보고 227 | 돈의 힘 229 | 우리가 두려워 해야 할 것은 230 | 행운은 232 | 중요한 세 가지 233 | 양심 다음으로 건강이다 234 | 오늘이라는 날 236 | 고별사 238 | 종교와 과학 240 | 재물은? 241 | 중요한 것은 생각이다 242 | 위대한 꿈을 가져라 244 | 큰 것에 관심을 두라 245 | 성실성 246 | 진실만을 말하라 247 | 행복을 위한 처세법 249 | 현재 250 | 행복의 철학 251 | 사랑 없이는⋯ 253 | 그 누구도 255 | 죽음이 헛되지 않게 하기 위해 257 | 항상 기도하고 있단다 259 | 악마를 만드는 교육 261 | 어머니의 위대성 262 | 갈수록 더 쉬워진다 264 | 누구도 빼앗을 수 없는 것 265 | 어머니 당신 267 | 현미경으로 보는 세상 269 | 습관 270 | 뒤바뀌면 안된다 272 | 분명한 목적을 가져라 273 | 재상이 된 것은 274 | 한 걸음 한 걸음 걸어가라 275 | 봉사는 세금이다 277 | 우리 시대의 특징 278

우리가 진정 배울 것은

너희들은 나에게서 철학을 배울 것이 아니라
철학하는 것을 배워야 한다.

– 칸트

우리가 학교에서 필요한 것은 공부의 내용 보다 공부하는 방법을 먼저 배워야 한다. 우리가 배우는 수많은 지식들은 시간이 지나면 대부분 사라지고 또 생성된다. 어떤 것은 필요 없는 지식이 될 수 있다. 그러나 공부하는 방법을 배우면 어떤 지식이라도 나의 것으로 유용하게 재창조 할 수 있다.

모든 것은 과정이다

그러므로 인생은
의가 아니라
의롭게 성장하는 것입니다.
건강이 아니라 치유의 과정이며
생존이 아닌 생성의 과정이요.
안식이 아니라 실천하는 삶입니다.
우리는 이미 완성된 것이 아니라
완성을 향해 성장해 가고 있으며
과정이 이미 끝이 난 것이 아니라
끊임없이 달려 가고 있는 것입니다.

인생은 도달해야 할 어떤 목적이 아니라
순례의 여정을 걸어가는 것입니다.
모든 것은 아직 영광중에 빛나지 않고
정결케 순화시키는 과정에 있습니다.

– 마틴 루터

우리가 사는 인생은 과정중에 있다. 누구도 그것에 대해서 함부로 평가할 수 없다. 인생을 다 마치기 까지는 누구도 성공 실패를 감히 말할 수 없다. 어떤 것은 사후 100년이 지나서 위대함이 평가 되는 경우도 있다.

재미있게 인생을 사는 법

약간 생활고를 겪더라도

너무 안이한 길을 찾지 않는 것이 좋다.

임금님도 자기 마음대로만 된다면

살 재미가 없을 것이다.

— 알랑

사람들은 자기 마음대로 사는 것을 좋아한다. 이것은 본래 모든 사람이 가지고 있는 특징이다. 하지만 자기 뜻대로 사는 것이 꼭 즐거운 것은 아니다. 모든 것이 자기 마음대로 되면 그가 신이 되는 셈이다. 인류의 불행은 인간이 자기 마음대로 하려는 욕심에서 생긴 것이다. 지금이라도 자기의 즐거움이 아닌 타인의 즐거움을 먼저 생각한다면, 그래서 자기가 조금 불편하다면 그것이 재미있는 삶을 사는 비결이다. 사람이 자기 마음대로 할 수 없기에 인생은 재미있는 것이다. 놀이기구가 한곳으로만 돌면 재미가 없다. 가끔 기대하지 않는 곳으로 움직일 때 스릴이 있다. 인생도 마찬가지다. 내 마음과는 전혀 다른 방향으로 가는 것이 오히려 인생이 즐거울 때가 있다.

전반 40년. 후반 30년

인생 최초의 40년이

본문을 만드는 일이라면

나머지 30년은

주석을 다는 일이다.

- 쇼펜하우어

사람은 자기의 시간을 계수할 수 있는 지혜를 가져야 한다.

본문만 만들다가 인생을 마칠 수 있다. 짧은 인생을 그럴수는 없지 않은가?

책을 쓸 때는 미리 계획을 하듯이 우리 인생도 계획을 가지고 살아야 한다.

어느 시점에서 터닝 포인트를 가져야 할 것인지를 생각해야 한다.

계속 다른 사람에게 도움만 받고 살수는 없다. 언젠가 부터는 남을 도우면서 살아야한다. 그렇지 못하면 식물과 동물 보다도 못한 삶을 살 수 있다.

탐욕스럽게 끊임없이 욕만 부리다가 그렇게 인생을 마칠수는 없지 않은가?

# 승자와 패자

승자는 행동으로 말을 증명하고

패자는 말로 행위를 변명한다.

승자는 책임지는 태도로 살며,

패자는 약속을 남발한다.

승자는 벌을 받을 각오로 살다가 상을 받고

패자는 상을 위하여 꾀를 부리다가 벌을 받는다.

승자는 인간을 섬기다가 감투를 쓰며

패자는 감투를 섬기다가 바가지를 쓴다.

승자는 실수 했을 때 내가 잘못했다고 확실히 말하고

패자는 적당히 말한다.

승자는 입에 솔직이 가득하고

패자는 핑계가 가득하다.

승자는 예와 아니요를 확실히 말하고

패자는 모호하게 말한다.

승자는 작은 자에게도 사과 할수 있으나

패자는 큰 자에게도 못한다.

승자는 넘어진 후에 일어나 앞을 보고

패자는 일어나 뒤를 본다.

승자는 열심히 일하고 열심히 놀고 열심히 쉬지만

패자는 허겁지겁 일하고 빈둥 빈둥 놀고 흐지 부지 쉰다.

승자는 시간을 붙잡고 관리하며 살고

패자는 시간에 쫓기거나 끌려 산다.

승자는 지는 것을 두려워 하지 않으나

패자는 이기는 것도 은근히 염려한다.

승자는 과정을 위해 살고

패자는 결과를 위해 산다.

승자는 구름 위의 태양을 보고

패자는 구름속의 비를 본다.

승자는 넘어지면 일어서는 쾌감을 알며

패자는 넘어지면서 재수를 한탄한다.

승자는 눈을 밟아 길을 만들고

패자는 눈 녹기를 기다린다.

승자는 실패를 거울로 삼으며

패자는 성공도 휴지를 삼는다.

승자는 바람을 보면 돛을 올리고

패자는 바람을 보고 돛을 내린다.

승자는 돈을 다스리고

패자는 돈에 지배된다.

승자는 주머니속에 꿈이 있고

패자는 주머니 속에 욕심이 있다.

승자는 다시 한번 해보자는 말을 즐겨 쓰고

패자는 해보아야 별수 없다는 말을 자주 쓴다.

승자는 땀을 믿고

패자는 요행을 믿는다.

승자는 일곱 번 쓰러져도 여덟번 일어서고

패자는 쓰러진 일곱 번을 낱낱이 후회한다.

승자는 달려가며 계산하고

패자는 출발하기도 전에 계산부터 한다.

승자는 지긋이 듣지만

패자는 자기 말할 차례를 기다린다.

승자는 부드럽고 자연스러우나

패자는 허세를 부리고 자기를 부풀려서 발표 하려 한다.

승자는 다른 길이 있을 거라고 생각하나

패자는 길이 하나 뿐이라고 생각한다.
승자는 자기 보다 우월한자를 보면 존경 하고
그 사람으로부터 배울점을 찾는데
패자는 자기 보다 우월한 자를 만나면 질투하고
그 사람의 갑옷 구멍만 찾으려 든다.
승자는 자기 보다 못한자를 만나도 친구가 될 수 있는데
패자는 자기 보다 못한 자를 보면 즉시 보스가 되려고 한다.
승자는 순위나 상과는 관계 없이 달리나
패자는 눈으로 줄곧 상만 보고 달린다.
승자는 꼬리가 되어도 의미를 찾으나
패자는 일등을 차지했을 때만 의미를 느낀다.
승자는 달리는 도중에 이미 행복하나
패자는 경주가 끝나 보아야 행복이 결정 된다.

- 디아스포라 유대 경전에서

승자와 패자는 간단하다. 승자는 인생 전체를 보면서 살지만 패자는 인생 한 부분만 보면서 산다. 승자는 눈에 보이지 않는 성공 까지 바라 보지만 패자는 눈에 보이는 것만 성공으로 본다. 승자는 다른 사람을 베풀면서 성공을 꿈꾸지만 패자는 오직 자기 배만 불리면서 성공의 그림을 그린다. 승자와 패자는 결과보다 생각과 태도에서 판가름 난다.

감사하는 자가 받는 복

별빛을 보고

감사하는 사람에게는 달빛을 주시고

달빛을 보고

감사 하는 사람에게는 햇빛을 주시고

햇빛을 보고

감사하는 사람에게는 해와 달이

필요 없는 영원한 빛을 주신다.

— 스펄전

감사를 아는 사람은 더 큰 복이 주어진다. 하지만 감사하지 못하면 있는 감사 까지 빼앗긴다. 감사는 할수록 번져나가는 특징이 있다. 날마다 감사하면 숨어 있는 주변의 감사한 조건을 자석에 붙듯이 찾아낸다. 평생동안 감사하지 못하고 죽음에 이르러서야 감사하는 것들이 있다. 우리 주위에는 감사의 조건들이 너무나 많이 있다. 다만 그것을 우리는 알아 보지 못할 뿐이다.

인생, 한번이면 충분하다

나는 죽지 않고

오래 오래 고령에 이르도록 살고 싶소.

그렇지만 다시 젊은이가 되어

처음부터 인생을 다시 살고 싶지 않소.

한 번으로 충분하오.

― 차이코프스키
(안나 머클링에게 보낸 편지 중에서)

인생은 후회한다고 다시 돌아오지 않는다. 한번 지나간 기차가 다시 돌아오지 못하듯이 한 번 지나간 젊은 나이 역시 다시 되살릴 수 없다. 인생은 단 한번이다. 그렇다면 한 번의 인생을 잘 살아야 한다. 그래서 인생을 사는 것은 떨리는 일이다. 늘 긴장되고 침이 마른다. 그렇다고 마땅히 잘 사는 방법이 따로 있는 것이 아니다. 주어진 하루에 최선을 다하면서 사는 것이야 말로 오늘을 잘 사는 방법이다. 미워하기 보다는 사랑하면서, 뺏기 보다는 주면서 말이다.

변하는 것

도덕의 시기는 사철과 함께 변한다.

— 괴테의 '나의 생애에서'

이 세상의 모든 것은 시대가 지나면서 변한다. 그래서 사람들은 인생을 허무하게 생각한다. 믿었던 사람의 마음이 변하고 사랑했던 사람들이 나의 곁을 떠난다. 그래서 슬프고 힘들어 한다. 도덕의 기준도, 정의의 기준도 시대와 상황에 따라 달라진다. 만약 변하지 않는 것을 붙잡을 수 있다면 그는 진정 행복한 사람이다.

죽음이 어려운 이유

매일, 그리고 하루 종일

나는 이 질문에 자문해 본다.

아니, 오히려 이 질문이 스스로 나에게 물어 본다.

"죽는다는 것은 그토록 어려운 일일까?"

나는 사람을 열렬히 사랑했던 사람에게는

죽음이 특별히 어려울 것이 없다고 생각한다.

오히려 삶을 등한시 했던 사람이

죽음을 어렵게 받아 들일 것이다.

- 앙드레 지드 의 '일기' 중에서

사람이라면 모두 죽음을 맞이한다. 죽음이 무서운 것은 그동안 살아온 시간동안에 사랑이 적었기 때문이다. 진리를 사랑하고 많은 사람들을 사랑하기로 마음먹고 실천했던 사람은 죽음이 더 이상 두렵지 않다.

그러나 덧없이 인생을 산 사람은 죽는 것이 두렵다. 그래서 가능한 죽음을 연장하려고 한다. 오늘 하루가 왜 나에게 주어졌는지 생각해 보라. 왜 그토록 많은 사람을 만나게 했을까를 생각해 보라. 이웃에게 남 모르는 사랑의 빚을 많이 졌기 때문이 아닐까? 그리고 그들에게 사랑의 빚을 갚기 위함이 아닐까?

진정한 보물

마음은 팔 수도 살 수도 없는 것이지만
줄 수 있는 보물이다.

- 후로벨의 수상록에서

사람을 가장 따스하게 하는 것은 불이 아니라 마음이다. 사람의 마음은 하나이지만 모두에게 줄 수 있다. 사람의 마음은 주어도 주어도 사라지지 않는다. 내가 가진 것이 없어 다른 것은 줄 수 없어도 나의 마음은 줄 수 있다. 나의 마음을 주는 것은 가장 소중한 것을 주는 것이다. 사람의 마음을 얻으면 모든 것을 얻는 것이 된다.

비겁한 일

사람을 빼놓고는 자살하는 생물은 없다.

다른 생물은 죽으려는 시늉은 안한다.

왜냐하면 그들은 죽는 것을 모른다.

우리 인간은 인생의 고뇌를 깨닫고 죽으면

그 고뇌에서 벗어 난다는 인식을 가지고 있는 것은

다른 동물에 비해 귀중한 특권을 갖고 있다.

그러나 그 특권을 구사하여 행위에 옮긴다는 것은 비겁한 일이다.

– '파브르의 곤충기'에 나오는 말

인간에게 주어진 가장 중요한 특권이 있다면 선택할 수 있는 자유이다. 그러나 불행하게도 어떤 사람은 이 책임을 자기 목숨을 끊는 일에 사용한다. 설사 인간 스스로 죽을 수 있는 자유를 가졌다 해도 그 자유는 사용해서는 안되는 자유다. 적어도 인간만이 고뇌할 수 있는 특권을 가졌다고 믿으면 죽기전에 좀 더 고민을 해야 하지 않을까? 자살하지 않고 살 수 있는 길을 말이다.

사람의 모습을 보면서

사람은 조물주의 상

- 세익스피어

인간을 보면 어떤 세상의 피조물 보다 신비하다. 인간의 외적인 모습 뿐 아니라 생각하고 말하고 재주를 부리는 인간을 보면 어떤 동물에서도 볼 수 없는 기이함이 있다. 세상을 만드신 창조주를 보려고 해도 우리는 볼 수 없다. 하지만 볼 수 있는 유일한 것은 사람이다. 보이는 사람의 모습이 아닌 보이지 않는 내적인 특징을 살펴 본다면 말이다.

필요한 분량

사람이 지상에서 즐기려면
근소한 땅덩어리로써 족하다.
지하에서 잠들기 위해서는
더 작은 흙 덩어리만으로 충분하다.

- 괴테의 '젊은 베르테르의 슬픔' 중에서

인간의 욕심은 한도 끝도 없다. 욕심에 사로잡히면 인간은 동물처럼 되고 나중에는 아주 추한 존재가 된다. 문제는 그 욕심을 절제 하고 정도를 알기가 쉽지 않다는데 있다. 풍선에 한없이 바람을 불어대면 결국은 터지고 마는 것 처럼 인간의 욕심을 절제 하지 못하고 계속 진행하면 결국은 패망한다. 우리가 알고 있는 패망한 사람은 모두 욕심 때문이다. 알고 있는가? 인간이 가장 행복할때는 가진 것으로 족할 때인 것을…

세상을 보는 방법

세계를 한 알의 모래속에 보고
하늘을 한송이 화초속에 보고
무한을 너의 장중에 담고
영원을 일시적으로 포착하라.

— 윌리암 브레이크

큰 것은 작은 것을 통해서 본다. 작은 씨를 통해서 많은 열매를 꿈꾸듯이 잠시뿐인 이세상의 삶을 통해 영원한 나라를 바라볼 수 있으면 좋을 것이다. 지금 보는 것이 전부가 아니다. 그것이 자라면 나중에는 엄청난 역사를 이룰 수 있다. 주변을 살펴보면 눈에 보이는 것으로만 보고 숨겨진 가능성을 보지 못하는 사람들이 많다. 자신을 볼 때도 현재의 보이는 것으로만 평가하지 말고 앞으로 가능성을 바라볼수 없을까?

두가지 법칙

생자필멸 (生者 必滅)

'생이 있는 자는 반드시 죽음이 있다'

성자필쇠 (盛者必衰)

'성했던 자는 반드시 쇠할때가 있다'

– 양자 법언

끝을 보면서 처음을 알고 마지막을 보면서 새로운 시작을 알고 결과를 보면서 원인을 알고 행하는 것을 보면 결과를 알 수 있다. 모든 인간의 문제는 이것을 보지 못하는데서 생긴다. 악을 행하는 사람은 결국 망함에도 계속 흥할 것 같이 여전히 악을 행한다. 성공이 계속되지 않음을 세상의 이치를 보면 예측할 수 있음에도 지금의 성공이 계속 될 것같이 생각하는 사람들이 있다.

증명할 수 없는 것

신과 부처는 증명할 수 없다.
증명하면 과학이 된다.
과학은 종교의 송장이다.

- 오스카 와일드

이 세상에는 증명되는 것 보다는 증명되지 않는 것이 훨씬 더 많이 있다. 모든 것을 증명하려고 하면 거기서 문제가 생긴다. 증명할 수 있는 것은 증명하되 증명할수 없는 것은 그대로 받아들이는 것이 참된 지혜다. 이 세상은 보이는 것과 보이지 않는 것으로 구성되었다. 보이는 것은 증명이 가능하지만 보이지 않는 것은 증명할수 없다. 우리가 알고 있는 모든 것은 늘 두 가지가 존재한다.

한 사람만 빼놓고

신은 백성을 못살게 굴고
괴롭히는 사람에게만 빼놓고
아무데나 다 있다.

– 독일 속담

가장 좋은 것은 특별한 사람에게만 아닌 모두에게 열려 있는 법이다. 하나님은 누구도 볼 수 있다. 하지만 하나님은 깨끗한 마음을 가진 사람에게만 보여진다. 귀가 있다고 다 듣는 것이 아니고 눈이 있다고 다 보는 것이 아니듯이 하나님을 보는 것도 이와 같다. 아무리 보화일지라도 돼지에게는 보화가 될 수 없는 것 처럼…

생각하는 갈대

인간은 한 오라기의 갈대다.
자연속에서 가장 약한 것에 불과하다.
그러나 생각하는 갈대이다.

― 파스칼

인간이 다른 동물과 다른 점은 생각하는 능력을 가진 것이다.
인간의 가치는 생각에 있다. 우리는 이 생각을 가지고 사람을
미워하기도 하고 사랑하기도 한다. 그리고 이것으로 행복하기
도 하고 스스로 불행해지기도 한다. 생각이 사라지는 순간 인간
은 동물이 된다.

인간이 불행한 것은

인간이 불행한 것은
그 행복을 모르기 때문이다.
그것을 가르쳐 주는 것은 하나님이다.

- 도스토 엡스키의 '악령'에서

인간이 불행 한 것은 인간자체가 불행 한 것이 아니라 행복한 것을 찾지 못했기 때문이다. 모든 인간은 행복할 수 있다. 그런데 문제는 그 행복이 어디에 있는지 모른다는데 있다. 인간 스스로는 그 행복이 있는 곳을 알지 못한다. 행복을 만든 하나님만이 행복해지는 법을 알고 있다. 정말 행복해지고 싶거든 지금 하나님께 물어 보라.

짧은 인생인데

인생은 극히 일순에 불과하다.
죽음도 극히 일순의 일이다.

— 시르렐

세상의 모든 것은 지나고 보면 극히 짧은 순간의 번개와 같다. 행복도 고통도 알고 보면 순식간에 지나가는 아주 짧은 시간이다. 이것만 안다면 지금의 고통을 반으로 줄일 수 있다. 이것만 알아도 지금의 교만을 반으로 떨어드릴 수 있다.

사실 인간이 힘든 것은 잘못된 생각 때문에 힘든 것이지 그 고통 자체 때문에 힘든 것은 아니다.

인생과 기술

인생은 짧고 기술은 길고
기회는 달아 나기 쉽고
경험은 의심스럽고 판단은 어렵다.

-과학적 의학의 시조인 히포크라테스의 말

짧은 인생을 알 때 긴 인생을 준비 할 수 있고 달아나는 기회를 볼 수 있을 때 다가오는 기회를 잡을 수 있다.
정말 내가 짧은 인생을 안다면 지금 이렇게 미워 할 이유가 없다. 지금 이렇게 거짓을 행하며 살지 않을 것이다. 인생이 바람처럼 순식간에 지나가는 것임을 안다면 미워 할 시간에 더 사랑하고 거짓을 행할 시간에 더 진실하려고 노력할 것이다. 내일 죽는 것을 아는 사람은 아무리 배가 고파도 오늘 도적질 하지 않는다.

인생의 의미는

인생의 의미는
거짓을 미워 하고
진실을 사랑하는 것을 배우는데 있다.

– 로버트 브라우닝

인생은 처음부터 끝날 때 까지 진실과의 싸움이다. 성공과 실패, 즐거움과 슬픔도 결국은 진실을 발견하는 한 과정에 불과하다. 인생의 성공은 얼마나 오래 살았느냐에 결정되는 것이 아니다. 얼마나 성공적인 업적을 쌓았느냐에 달려 있는 것이 아니다. 인생의 성공은 얼마나 끝까지 진실하려고 했는가에 의해서 평가된다.

통계와 수치로만

관료주의적 풍조는 의사와 환자 부부간의 관계와 같은 가장 있음직하지 않은 분야에까지 나타난다. 관료주의 방법은

1) 인간을 물건처럼 다루고
2) 수량화와 통제를 보다 쉽고 값싸게 하기 위해서 이 물건을 질적인 면 보다는 양적인 면으로 다루는 것이라고 정의 될 수 있다.

관료주의적 방법은 통계 자료에 의하여 지배된다. 관료는 '자기 앞에 서 있는 살아 있는 존재의 반응' 보다는 통계 자료에 의해 만들어진 고정적인 규칙에 기초하여 어떤 일을 결정 한다. 그들은 그런 형식에 들어 맞지 않는 5-10%의 사람들을 희생하더라도 통계적으로 가장 그럴듯한 사례에 따라 결정을 내린다.

관료들은 개인적인 책임을 두려워 하여 항상 규칙의 이면에서 도피처를 찾는다. 그들의 안전과 자부심은 규칙에 대

한 그들의 충성에 있는 것이지 인간 양심의 법칙에 대한 충성에 있는 것이 아니다 '

– 에릭 프름 의 '존재냐 삶이냐'에서

보이는 통계와 수치로 인생의 성골을 측정하려고 하는 어리석음에서 하루 빨리 벗어나야 한다. 정치가들과 관료주의자들은 여러가지 수치를 가지고 업적과 인기를 평가하려고 한다. 사람의 마음이 수치로 나타낼 수 없음에도, 그들은 정해진 수치에 사람들을 활용한다. 자기가 정해 놓은 규칙에 따라 가장 중요한 원칙을 무시한다.

혹시 나도 모르게 익숙해진 관료주의 모습은 나에게 없는가?

꼭 기억해야 할 것

하늘을 보고 침뱉으면
다시 너에게로 떨어진다.
바람을 향해 침을 뱉으면 제 수염만 더럽힌다.

– 미상

우리가 하는 모든 것은 보이지 않는 벽이 공을 던지는 것과 같다. 무엇을 하든지 그냥 사라지는 것은 없다. 탁구공이 부딪쳐 다시 돌아 오듯이 내가 행한 모든 것은 나에게 다시 돌아 온다. 선을 행하면 선이 돌아오고 악을 행하면 악이 돌아온다. 분명 다시 내게 돌아오는 것을 안다면 내가 지금 무엇을 상대방에게 주어야 할지 알게 된다.

순종하는 자와 거역하는 자

하늘에 순종하는 자는 살고

하늘에 거역하는 자는 망한다.

(順天者는 存하고 逆天者는 亡하니라)

– 맹자

우리의 죽고 사는 것과 성공과 실패는 우리의 노력에 있는 것이 아니라
전적인 하늘에 달려 있다. 인생의 가치는 하늘의 뜻에 순종하는 데서 결정된다.
인생의 의미는 그냥 내가 살고 싶은 대로 사는 것이 아니라 하늘의 뜻을 알고 그것을 순종하는 데 있다. 하늘의 뜻을 아는 사람은 그렇게 함부로 살지 않는다.

자살의 의미

함부로 자살하는 것은 사회에 대한 패배를 의미한다.

- 오스카 와일드

자살은 세상에서 자기가 이미 패배했음을 만 천하에 선언하는 것이다. 그들은 자살로 이 세상에서 자기가 실패자임을 증명한다. 얼마나 어리석은 일인가? 힘든 세상에서 자살하는 사람이 많아지고 있다. 이것은 아직 경기가 끝나지도 않았는데 미리 경기를 포기하는 것과 같다. 관중에게는 너무나 황당한 일이다. 관중이 끝까지 남아 있는 것은 순위를 보려는 것이 아니라 끝까지 최선을 다하는 모습을 보려고 있는 것이다. 순위만 볼려면 굳이 경기장에 시간을 내서 힘들여 올 이유가 없다.

갑자기 얻은 재물

갑자기 얻은 재산은 그 끝이 상스럽지 못하다.

- 성서

무엇이든지 올 것이 와야지 오지 말아야 할 것이 오면 그것은 오히려 나에게 해가 된다. 내 것이 아닌 것은 처음부터 미련을 버려야 한다. 노력 없이 오는 행운은 조심하라. 그 속에는 독이 들어 있다. 힘써 노력하는 것은 결코 우리를 배신하지 않는다. 우리를 패망하게 하는 것은 땀 흘리지 않고 쉽게 얻은 것이 대부분이다.

잠재력

누구에게든지 배우는 과정에서

다음과 같은 확신에 도달하는 시기가 있다.

그것은 질투는 무지, 모방은 자살이라는 느낌이다.

좋든 나쁘든 인간은 자신에게 주어진 운명을 바라볼 때

광대한 우주가 아무리 좋은 것으로 가득 차 있어도 그에게

돌아오는 곡식은 그에게 주어진 좁은 땅에서 스스로의 노력

에 의하여 만들어진 것 외에는 없다는 것을 안다.

그러나 그에게 잠재해 있는 힘은 아주 새로운 것이다.

그 힘으로 무엇을 성취 할 수 있는가 하는 것은

스스로 그 힘을 쓰기 전까지는 아무도 모른다.

— 애머슨

인간이 가진 잠재력은 어느 누구도 함부로 평가하거나 그것을 측정할 수 없다.

마지막까지 열정을 소진하기 전까지는 능력을 아무도 모른다. 한번도 도전해 보지도 않고 이렇게 인생을 마치는 것은 너무나 슬픈 일이다. 나의 가치와 능력을 알고 싶은가? 도전하라. 또 도전하다. 그러다 보면 내가 얼마나 위대한지 알게 될 것이다. 해보지 않고는 알 수 없는 것이 나의 능력이다. 지금도 위대한 능력을 제대로 사용도 못하고 죽어가는 사람이 얼마나 많은가?

치료법이 없거든

이 세상 모든 병에는

치료법이 있기도 하고 없기도 하다.

방법이 있거든 그것을 찾아 보라.

방법이 없을 때는 차라리 생각지 말라.

― 마더구스

(영국의 전래 동요 작가로서 그의 동요집에 나오는 노래 중에 한 구절)

아무리 힘들어도 끝까지 가면 해결의 길이 있기 마련이다.

설사 끝까지 가도 해결이 없으면 그것은 하늘의 뜻으로 받아들이면 된다.

정말 그것이 하늘의 뜻이라면 야속할 것이 없다. 그렇게 해서 하늘의 뜻을 발견하게 되는 것이기 때문이다. 그것을 모르고 죽어가는 사람에 비하면 나는 얼마나 행복한 사람인가?

원수 때문에 힘들지 마라

너의 원수로 인하여

난로의 불을 뜨겁게 지피지 말라.

오히려 그 불이

너 자신을 불태울 것이다.

- 셰익스피어

나에게 해를 입히는 사람일수록 사랑하라. 사랑이야 말로 복수의 열기를 시키는 가장 좋은 해열제이다. 원수로 인해 분해 하는 것은 곧 나에게 화를 더하는 것과 같다. 원수를 사랑할 수 있는 좋은 기회가 왔다고 생각하고 힘들어도 사랑할 수만 있다면 생각지 못한 축복이 원수를 통해서 받게 된다.

두 가지 인생의 목표

인생에는 목표로 삼아야 할 것이 두 가지가 있다.
그 하나는 자신이 원하는 것을 소유하는 일이고
또 하나는 그것을 즐기는 일이다.
그런데 현명한 사람들은 후자를 선택한다.

– 로건 피어선 스미스

인간은 원래 소유에서 즐거움이 생기는 것이 아니라 존재를 찾는데서 즐거움이 생기도록 만들어졌다. 그런데 많은 사람들은 존재에서 즐거움을 찾기 보다는 소유에서 즐거움을 찾으려 한다.

소유를 통해 존재를 느끼도록 하라. 더 나아가 소유가 없어도 존재를 느낀다면 그는 모든 것을 가진 자가 되는 것이다. 아무것도 없지만 모든 것을 가진자가 된다.

지식보다 지혜다

어느날 에머슨과 그의 아들은 송아지를
외양간에 넣으려고 애쓰고 있었다.
아들은 앞에서 잡아 끌고
아버지는 뒤에서 송아지의 엉덩이를 밀었다.
그러나 송아지는 네 다리로 굳게 버틴 채
외양간에 한 발자국도 들어서려 하지 않았다.
이 광경을 지켜 보고 있던 하녀가 달려왔다.
그녀는 두 부자를 물러 서개 한 후에
자신의 손가락을 송아지의 입에 물렸다.
그리곤 살살 달래면서 외양간에 집어 넣았다.

- 에머슨의 이야기 중에서

세상은 지혜로 사는 것이지 지식으로 사는 것이 아니다.
왜냐하면 행동을 결정하는 것은 지식이 아니라 지혜이기 때문이다. 지혜는 실천하는 힘이다. 지식은 지혜 때문에 존재하는 것이다. 지혜에 이르지 못하면 지식은 죽은 것이 된다. 지식이 필요한 것은 지혜 때문이지 더 많은 지식을 갖기 위함이 아니다. 하나라도 실천하기 위해 더 많은 지식이 필요한 것이다.

적어도 30세에는

30세에는 자기 자신을 손 바닥처럼 훤히 알아야 하고

자신이 얼마만큼 나아갈 수 있는지를 알아야 하고

자신의 실패까지 예측할 수 있어야 한다.

있는 그대로의 자신이어야 한다.

무엇 보다 그 모든 사실들을 받아 들여야 할 일이다.

– 알베르 까뮈의 '수첩' 중에서

젊은 시절에 자기 인생을 훤히 알 수 있는 방법은 여러 가지가 있다. 어떤 사람은 많은 경험을 하고 여행을 하는 일이 될 수 있다. 아니면 독서를 통해서 인생을 깊게 고민할 수 있다. 그러나 그것을 찾기는 많은 시간과 시행착오가 필요하다. 정작 인생의 중요한 곳을 찾아가기란 여정이 쉽지 않다. 인간은 진실하게 그것을 알려주지 않기 때문이다. 사람들은 때로는 위장하고 때로는 과장하면서 우리를 혼란스럽게 한다. 성경을 읽는 것도 좋은 방법이 될 수 있다. 왜냐하면 성경은 어느 책에 비교할 수 없는 수 천년에 걸친 인생들의 성패의 이야기들을 솔직하게 제시하고 있기 때문이다.

종교의 참 모습

종교는 말이 아니고 실행이다.

– 영국 속담

종교는 이론이 아니고 행동이며 체계가 아니고 삶이며 선행이 아니고 구원이며 보이는 것이 아니고 보이지 않는 것이다. 종교를 말로 증명하려고 하는 것은 공기를 말로 설명하려는 것과 같다. 살아 있는 것으로 공기를 보여준다면 그것이 주는 가장 좋은 방법이다.

누구나 도울 수 있다

사람은 물질로 남을 도울 수 있다.
물질이 없을 때는 말로 도울 수 있다.
그러나 물질도 말도 없을 때는 눈물로 도울 수 있다.

- 영국의 왕이 전쟁터에서 고귀한 희생을 다 바쳐 고귀한
사람들을 구해낸 나이팅게일에게 내린 휘장에 적혀 있는 문구

사람은 감정의 동물이다. 감정의 표현으로 눈물을 흘린다. 눈물은 사람을 감동하게 하며 치유하는 힘이 있다. 눈물은 상대방뿐 아니라 자신에게도 유익이 된다.

물질과 힘은 모두에게 있는 것이 아니다. 그러나 눈물은 모두가 가지고 있다.

그 눈물을 가지고 우는 자와 함께 슬퍼하고 즐거워 하는 자와 함께 즐거워 할 수는 있다. 마음을 열고 이웃에게 눈물로 함께 해 보자.

비참한 사람은 누구인가?

당신의 꿈이

한번도 실현 되지 않았다고 슬퍼 하지 말라.

비참한 것은 한번도 꿈을 갖지 않은 사람이다.

– 엣센 바하

사람은 이미 꿈을 품은 순간 꿈은 이루어 가고 있는 것이다. 혹시 내가 못 이루는 꿈이라도 다른 사람이 대신 이루면 나는 그 꿈을 이룬 것이다. 왜냐하면 꿈은 모두가 서로 연결된 아름다운 집과 같기 때문이다. 좋은 꿈은 나만의 꿈이 아닌 모두가 함께 하는 꿈이다. 지금이라도 꿈을 꾸어 보자. 설사 그것을 이루지 못해도 꿈을 꾸는 것만으로도 나는 행복한 사람이다.

이런 광고

당신은 지금까지 살아 오면서 수 많은 실패를 했다.
당신은 잊고 있을지 모르지만
당신은 세상에 태어나 최초로 걷기 시작했을 때
걸핏하면 바닥에 넘어 졌다.
당신은 처음으로 수영을 배울 때 물에 빠져 거의 익사 할 뻔 했다.
그렇지 않은가?
당신이 처음으로 야구 방망이를 휘둘렀을 때
제대로 공을 맞힐 수 있었는가?

안타를 잘 치는 사람들. 가장 홈런을 많이 날리는 사람들은
스트라이크 아웃도 가장 많이 당한다.

알베치 메시는 뉴욕에 상점을 설립하기 전에
일곱 번이 나 실패 했다.
영국의 존 크리시는 735번의 거절을 당한 끝에

564권의 책을 출판했다.

베이브 루스는 스트라이크 아웃을 1330번이나 당했지만 홈런 또한 714개를 날렸다. 실패를 두려워 하지 말라. 오히려 당신이 시도조차 해 보지 않고 떠나 보낸 저 수많은 기회들을 두려워 하라.

- 미국 테크 놀리지 주식회사가
월 스트리트 저널에 게재한 광고문

그렇게 노력했는데 또 실패한다 해도 끝까지 포기하지 않고 다시 시도한다면 언젠가는 성공할 날이 있다. 어차피 마지막 한 번만 성공하면 인생은 성공 한 것이다. 중요한 것은 끝까지 포기하지 않고 도전하는 일이다. 인생에 대한 신뢰와 인내심을 갖고서…

성공의 길

만일 내가 산 위의 장송이 되지 못하거든
계곡의 자목이 되어라.
개울가에 자라서 누구나 사랑하는 나무가 되어라.
만일 나무가 되지 못하거든 떨기 나무가 되어라.

만일 떨기나무가 되지 못하거든 작은 풀이 되어라.
그래서 거리를 아름답게 하여라.
만일 내가 작은 풀이 되지 못하거든
억새풀이 라도 되어라.
물가에서 자라는 제일 좋은 억새풀이

우리는 모두가 선장이 될 수는 없다.
그러나 선원이 되는 것도 좋다.
우리 모두에게는 할 일이 있다.
큰 일이 있다면 작은 일도 있다.
그리고 하지 않으면 안 되는 것도 있다.

만일 네가 큰 거리에서 피어나지 못한다면
작은 거리에서 피어나라.
만일 네가 태양이 되지 않으면 별이 되어라.
실패와 성공은 커지는 것이 아니다.
무엇이든지 가장 좋은 것이 되어라.

- 더글라스 마록

실패와 성공은 언제나 자기의 눈 높이에서 말해지는 것이다.
지금이라도 눈높이를 자기에게 맞추면 그가 보는 것은 모두 성공이 된다.
원래 성공이란 어디서든지 내가 잘 볼 수 있는 위치에 서 있는 것이다.
성공은 나에게 맞는 것을 얼마나 빨리 찾느냐에 달려 있다.

행복한 사람

마음먹기에 따라서는 시간을 변화 시킬 수도 있지.

나의 오랜 친구에게서

온 한 통의 편지는

우리가 서로 다른 위치에서 각자가 경험했던 것들을

이야기 하곤 했을 때

느꼈던 것과는

전혀 다른 감정을 불러 일으켰네

앞으로 나아가면 갈수록

우리는 자연히 과거를 돌아 보게 되지.

지금 나는 교장 선생님에게 호된 나무람을 받았던

그때 보다 더욱 오래 도록 그 학창 시절을 생각한다네.

기쁨으로 과거를 돌아 볼 수 있는 사람이

바로 행복한 사람일세.

- 1756년 .11월.11일에
새무얼 존슨 이 에드먼드 헥터에게 보낸 편지 중에서

우리가 좋았다고 생각하는 거의 모든 것들은 알고 보면 이미 내가 과거에 경험했던 것들 안에 있다. 사람마다 과거의 기억이 각각 다르다. 좋은 기억과 나쁜 기억 중에서 좋은 기억을 떠올리는 사람은 그리 많지 않다. 가능한 좋은 기억으로 계속 나의 마음아 담아 두면 앞으로 일어나는 일은 거의 좋은 추억이 된다. 행복은 환경이 아니라 나의 마음 자세에 따라 달라지기 때문이다.

인생에서 가장 중요한 것

한 사람의 인생 행로에서

가장 중요한 것은

그 사람이 무엇을 목적으로 삼았는가 하는 것이다.

그 사람이 이룩한 모든 일은

항상 그 대부분이 우연한 사정으로 인해서 된 것이다.

그리고 그 우연이라고 하는 좋은 기회의 덕분으로

전에는 실행하지 못했던 일을 완성 되는 수가 있다.

그러므로 가장 위대한 사람들의 인생은

자신들이 이룩한 결과 보다는

그들의 목적과 노력 속에 보다 많이 표현되어 있는 것이다.

그리하여 그 사람들을 평가할 때도

그들의 목적과 노력에 의한 편이

그들이 이룩해 놓은 결과로 평가하는 것 보다

옳은 것이다.

- 존 러스킨

사람들은 노력의 과정에서 성공하기 보다는 나타난 결과에서 성공하려고 한다.

그런 이유로 노력 없는 일시적인 성공과 과정을 뛰어 넘은 빠른 성공이 오히려 현대인에게 인기 있는 매력이 되고 있다. 하지만 그것은 잠시 즐거움을 줄지는 몰라도 시간이 지나면서 오히려 나를 힘들게 할 수 있다. 그것은 사람은 늘 정상의 자리는 오르기가 어렵지만 설사 정상에 올라도 오래있을 수 없다. 곧 있으면 내려와야 하는 것이 정상의 자리이다. 과정이 아름답다면 굳이 정상에 오르지 않아도 즐거운 일이다. 정상에 이르지 못하고 하산 하는 사람은 생각 보다 많다.

사람의 종류

사람에게는 다만 세 가지 구별이 있을 따름이다.

하나는 신을 찾고 그 신에게 봉사하는 사람

다른 하나는 신을 찾을 수도 없고

찾으려고도 하지 않는 사람이다.

이런 사람들은 지혜도 없고 행복하지도 않다.

셋째는 신을 찾아 낼 능력도 없는 사람이지만

찾으려고도 안 하는 사람들이다.

이 사람들은 지혜는 있을지 몰라도 아직 행복하지는 않다.

— 톨스토이

이 세상을 살면서 가장 행복했다고 말할 수 있는 사람은 하나님을 찾은 사람이다. 높은 정상에 오르지 않는 사람은 정상의 맛을 모른다. 이것을 아는 사람은 오늘도 계속 산을 오른다. 하나님을 찾는 것은 인생의 정상에 이르는 것과 같다. 당장 오르지 못해도 점차 발걸음을 내딛다 보면 언젠가는 정상에 이르게 되는 것 처럼 하나님을 찾고 구하다 보면 언젠가 나도 하나님을 만날 수 있을 것이다.

물음과 대답

사람들이 어떤 성인에게 물었다.

'학문이란 무엇입니까?'

그 성인은 이렇게 대답했다.

'인간을 아는 것이다'

사람들은 다시 물었다.

'도덕이란 무엇입니까?

그 성인은 대답하였다.

'사람을 사랑하는 것이 도덕이오.'

— 톨스토이

이 세상에 사람 보다 귀한 것은 없다. 하지만 사람을 얻는 것보다 사람을 사랑하는 것은 더 귀한 일이다. 사랑은 인간의 최고의 덕목이다. 세상 모든 것을 알고 가졌다 해도 사랑을 이루지 못하고 사랑을 갈망하지 않고 산다면 그는 불행한 사람이다. 세상 어느 것이 귀하다 해도 사랑 보다 가치 있는 일은 없다. 인생 마지막에 가족에게 할 수 있는 한마디가 있다면 그것은 '사랑한다'는 말이다. 이 말은 아무리 들어도 지겹지 않는 듣고 또 듣고 싶은 말이다.

행복을 느끼는 사람은

인생에 있어서 고귀한 생각이란

평범한 상태에서 가장 명백히 나타내는 법이다.

언제나 자기 주변에 신을 인식하며

미래의 삶을 바라고 있는 사람만이

가정에서의 편안과 정신에서 평화를

마음에는 자비를 보전할 수가 있다.

우리가 자신의 영원성을 믿을 때에는

행복을 느끼는 사람이 된다.

우리가 숭고한 마음을 갖을 때에는

하찮은 것도 보람없는 것으로 보이지는 않을 것이다.

– 말더노

마음에 천국을 소유한 자는 모든 것을 가진 자다. 왜냐하면 천국의 마음을 가진 사람은 모든 곳이 다 천국이 되기 때문이다. 사람이 불행한 이유는 간단하다. 마음속에 영원한 것이 없기 때문이다. 영원한 가치를 가지지 않는 사람은 가져도 가져도 늘 부족하다. 그래서 많은 것을 채우려고 더 애를 쓴다. 하지만 그러면 그럴수록 더 갈급함을 느끼는 법이다. 일시적인 많은 것 보다 영원한 한 가지가 우리를 행복하게 만든다. 영원한 마음을 갖지 못하면 아무리 대단한 것도 만족하지 못한다. 당연히 작은 것을 위대하게 보는 마음도 없어진다.

둘 중에 하나다

사람들 속에는 선과 악이 함께 들어 있다.

그러나 나아가는 길에 있어서 혼합은 있을 수 없다.

나아갈 길은 모두 선이거나 악이거나

둘 중의 하나이다.

즉 신의 의지를 행하느냐,

자기의 동물적 의지를 행하느냐

둘 중 하나이다.

— 톨스토이

선과 악의 중간은 없다. 선과 악의 중간을 차지하려는 것이야말로 보이지 않는 가장 악한 것이다. 사람들은 너무 선하게 살기를 원하지 않는다. 그렇게 살면 고결한 면에서는 좋지만 현실에서는 힘들 수 있기 때문이다. 또한 사람들은 너무 악하게 되기를 원하지 않는다. 너무 악하면 세상에서 살아남기 힘들고 자기 스스로도 비참하기 때문이다. 사람은 적당하게 즐기면서 살기를 좋아하기에 선과 악의 중간을 택한다. 사람들은 중간 지역을 오가며 세상을 즐긴다. 하지만 그것은 인생을 제대로 사는 것이 아니다. 세상에는 중간지대가 없다. 잘못하면 아주 악한사람보다 더 못할 수 있다. 아주 악한 사람은 막다른 골목에 이르기에 오히려 회심할 가능성이 있다.

내면의 싸움

인간의 내면에는 이성과 정욕 사이에

끊임 없는 싸움이 벌어 지고 있다.

만약 인간이 이성과 정욕 중에

하나만 가졌다면 어느 정도 편안하게 될 것이다.

그러나 인간은 이 두 가지 때문에 투쟁을 피할 수 없다.

이 두 가지로 싸우고 있는 한 인간은 평화 롭지 못하다.

인간은 항상 자신의 일부와

다른 자신의 일부가 대립되는 가운데 있다.

- 파스칼

사람의 마음은 늘 갈등에서 헤어나지 못한다. 왜 이런 일이 일어날까? 그것은 우리 안에 선과 악이 공존하기 때문이다. 이중에 하나로 방향을 정하면 갈등이 없다. 그렇게 살기로 작정하면 되기 때문이다. 그러나 그것이 쉽지 않다. 육신과 영혼을 가진 인간은 사는 날 동안은 선과 악의 갈등을 피할 수 없다. 그래서 모든 인간은 사는 것이 힘들다.

이왕이면 악한 것이 아닌 선한 것에 마음을 집중하면 좋겠는데 그것이 쉽지 않다.

인생사의 핵심

태어나서 교접하고 죽는 것

인생사에 핵심은 그것이다.

태어나서 교접하고 죽는 것

나는 태어 났으며, 그건 한 번으로 족하다.

당신은 기억하지 못하지만 나는 기억한다.

한번으로 족하다는 것을.

— T. S. 엘리엇 의 '뒤트는 사람들' 중에서

인생은 단 한번만 있다. 오늘은 두 번 다시 오지 않는다. 매년마다 달력이 넘어가듯이 인생은 죽음을 향해 달려간다. 우리는 그 한 번의 기회에 인생의 모든 것을 걸어야 한다. 그래서 매일 최선을 다해야 하고 오늘 만나는 사람에 집중해야 한다. 설사 두 번 만날 수 있는 사람이라도 마지막 만나는 것처럼 살아야 한다. 인생은 한번이기 때문에… 그러나 많은 사람들은 그렇게 살지 않는다. 그리고 의미 없는 것에 시간을 한 번의 인생을 허비한다.

진실이 담긴 것

내가 스물 한 살이었을 때
어느 지혜로운 사람이 하는 말을 들었지.
'왕관과 화폐와 금화는 주되
그대의 심장은 주지 말라.
진주와 루비는 주되
그대의 자유는 간직하라.'
그런 말은 내게 아무 소용없었지.

내가 스물 한 살이었을 때
나는 그 사람이 하는 말을 다시 들었지.
'진심이 담긴 심장이란
결코 헛되지 않는 것
꺼질 듯한 한숨으로 소모되고
끝없는 탄식에 낭비될지라도.'
이제 나는 스물 두 살
이제야 비로소 말할 수 있네.

그것은 맞는 말이라고.

- A.Z . 하우즈먼

사람을 가장 행복하게 하고 인생을 기쁘게 하는 것은 진실을 실천했을 때이다.

사람이 가장 불행하게 하고 인생을 슬프게 하는 것은 진실을 거역했을 때이다.

돈은 쓰기 나름이다

돈은 좋은 하인.
혹은 나쁜 주인.

— 프랑스의 속담

돈 자체가 나쁜 것이 아니라 돈을 쓰는 사람이 나쁘다. 돈 자체는 물질이기에 중립적이다. 돈은 사용하는 사람에 따라서 달라진다. 돈이 힘으로 발전하면 되면 맘몬으로 변해서 우상이 될 수 있다. 돈을 자기의 욕망과 권력을 얻기 위한 도구로 사용되면 그 순간 돈은 나쁜 것으로 작용한다. 돈이 주인이 되면 나쁘지만 돈을 인간의 종으로 사용하면 좋은 하인이 될 수 있다. 돈은 아무리 많아도 사람보다 더 높아질 수 없다. 돈은 그저 돈일 뿐이다. 그 이상도 그 이하도 아니다.

인생의 여러개 방들

인간의 삶을 커다란 아파트에 비교해 본다면
나는 크게 두 가지 사실을 말할 수 있겠다.
여러 개의 방문이 여전히 닫혀 있는 채로 남아 있긴 하지만
우리가 최초로 걸어 들어 가는 방은 어린애의 방
혹은 '아무 생각 없이 지내는 무심의 방' 이다.
여러 해 동안 그곳에 머물면서,
불빛이 환한 두 번째 방이 열려 있는데도
서둘러 들어 서려 하지 않는다.
하지만 우리들 자신의 내부에서 사고력이 눈뜨게 됨에 따라
점차 두 번째 방에 발을 들여 놓게 된다.
그건 바로 사색의 방이다.
그곳에서 우리는 빛과 분위기에 도취되어
놀라운 기쁨을 맛보게 되고
그 기쁨을 영원히 간직하고자 하는 욕망 외에는 아무 것도
보지 못한다.
하지만 두근거리는 가슴으로 자연과 인간의 현실을 통찰 하

는 시각을 갖게 되면서

세상은 불행과 낙심과 고통, 질병 과 고난으로 가득차 있다는 사실을 깨닫게 된다.

그리하여 사색의 방은 차츰 어두워져 가고,

그와 동시에 여러 방향으로 나이 있는 많은 문들이 열리지만, 모두가 마찬가지로 어두울 뿐이다.

우리는 선과 악의 틈바구니에서 어떻게 균형점을 찾을 것인지 알지 못한다. 우리는 틈새에 끼여…

- 키츠 J.H
(레이놀드에게 보낸 편지에서)

불행은 어떻게 사색하느냐에 따라 행복이 되기도 하고 더 큰 불행이 되기도 한다.

행복과 불행은 환경의 문제가 아니라 사고의 문제다. 사람이 어떤 생각을 하느냐에 따라 인생의 행복과 불행은 달라진다. 지금 불행한 일이라도 생각을 통해 당장 행복한 일로 바꿀 수 있다.

결국은 그렇게 되는데…

30세에는 자신이 바보가 아닌가 의심한다.

40세에는 그 사실을 알고 계획을 다시 짠다.

50세에는 부끄럽게도 이루지 못했음을 책망하며

신중하게 목적을 달성코자 한다.

넓어진 사고의 폭을

이리저리 생각을 헤아리고 헤아리다가

결국은 그렇게 죽고 만다.

— 에드워드 영

인간의 생은 생각 보다 짧고 무언가 이루기에는 더욱 더 짧다.

그런 짧은 인생을 보다 가치 있게 살기 위해서는 가능한 빨리 인간의 모습을 발견하여 그 안에서 인생을 계획하는 일이다.

인간의 모습을 제대로 발견하는 일만이 인생을 가치 있게 사는 비결이다.

그냥 시간을 보내면 인생은 순식간에 지나간다. 그러나 좋은 생각을 하면서 인생의 의미를 찾는 작업을 한다면 인생의 속도를 느리게 할 수 있다.

그러나 죽음 앞에서는 인간도 어쩔 수 없다. 만약 죽음을 이길 수 있는 해법을 인간이 찾는다면 그 이상 좋은 삶은 없을 것이다.

임무를 마치고 떠난 사람들

모차르트는 서른 여섯 살에 세상을 떠났습니다.

라파엘도 같은 나이에 세상을 떠났습니다.

바이런도 그 보다 조금 더 오래 살았을 뿐이지요.

하지만 그들은 모두 자신의 임무를 다 이루고 갔습니다.

그들은 떠날 시간이 되었기 때문에 떠난 것입니다.

여기 남아 있는 우리 모두는 여전히 해야 할 많은 일들을

이 지상에 남겨 놓고 있는데 말입니다.

— 괴테

(1828. 3. 11에 요한 에커만에게 쓴 글에서)

자기 할 일을 하고 떠난 사람이야 말로 행복한 사람이다.

행복은 물질의 부유함이나 건강함이나 오래 사는데 있지 않고 주어진 기간 동안에 얼마나 자기에게 맡겨진 사명을 잘 감당했느냐에 달려 있다. 예수 그리스도는 33년 동안 짧은 나이에 죽었지만 모든 것을 "다 이루었다"고 말하고 간 세상의 유일한 사람이다.

이루지 못하고 떠나는 아쉬움은 이루말할 수 없다. 오늘 내가 해야 할 일은 무엇인가? 그리고 하루에 최선을 다했는가?

인생에 가장 중요한 것

사람들이 성인에게 물었다.

'인생에 있어서 가장 중요한 때는 언제인가.

그리고 어떤 인간과 어떤 일이 가장 중요한가'

그러자 성인이 이렇게 대답했다.

'가장 중요한 때는 현재 뿐이다.

왜냐하면 현재에 있어서만 인간은

자기 자신을 통해 할 수 있으니까

가장 중요한 인간은

현재 그대가 관계를 맺고 있는 인간 뿐이다.

가장 중요한 일은 그 사람들과 사랑하며, 화합하는 일이다.

왜냐하면 모든 사람은 서로 사랑하기 위해

이 세상에 태어 났기 때문이다.

- 톨스토이

지금 이 순간에 꼭 하나 해야 할 일이 있다면 그것은 서로 사랑하는 일이다. 세상에 사랑만한 것이 없다. 사랑이 없으면 아무리 위대한 것일 지라도 아무것도 아니다. 오늘도 사람과 만나서 갈등만 더해 가고 있는 것은 아닌가? 만약 미움만 커진다면 살아갈 이유가 없다. 우리는 사랑하기 위해서 오늘도 사람을 만난다. 서로 하나되는 법을 찾기 위해 수많은 대화를 하는 것이다. 오늘도 사랑으로 하루를 출발하고 사랑으로 하루를 마쳐라.

늙기에도 바쁘다

어느날 나는 이런 질문을 받았다.
"요즈음 어떻게 지내십니까?"
나는 대답했다.
"늙어 가느라 바쁘답니다.
스물네 시간 해야 하는 일이니까요."

– 폴 레오트

흔히 인생을 살아가는 것이라고 말한다. 하지만 인간은 사는 것이 아니라 죽어가고 있는 것이다. 아이들이 바쁜 이유는 살아가기 위해서 이지만 성인들이 바쁜 이유는 죽기 위해서다. 어릴때는 "왜 이렇게 시간이 안 가는지 모른다."고 말하지만 나이가 들면 "왜 이렇게 시간이 빨리 가는지 모른다."고 말한다

그것은 마지막 시간을 알기 때문이 아닐까? 시간이 없고, 할 일이 많고 바쁠수록

지혜롭게 사는 방법은 중요한 것에 집중하는 일이다. 왜 바빠야 하는지 그 이유를 안다면 사는 것이 즐겁다.

내 인생에서 결심

나는 식대로 살아 가기로 결심했다.

나는 나의 신념을

내가 살아 온 삶과

내가 한 행동으로

변호하고자 한다.

- 알베르트 슈바이쳐
(그는 결국 1913년에 그의 신념대로 아프리카로 건너가 병원을 세웠다)

인간은 각자 자기 삶을 자기가 책임져야 한다. 그리고 그것을 행동으로 보여야 한다. 인간이 가장 잘 사는 길은 자기만의 방식을 찾아서 그 일을 이루는 것이다.

내 방식을 찾아서 살면 사는 것이 쉽지만 다른 사람의 것을 모방 하면서 살면 사는 것이 힘들다. 나에게만 있는 개성을 찾아 나의 방식으로 인생을 만들어 가보자.

그 신념으로 산다면 하루가 행복하고 만족할 것이다. 같은 길을 가다가도 언젠가는 내 길을 찾아 홀로 가야 하는 것이 인생이다.

마흔살 때 부터

마흔 살이 되기 전까지는
굳어진 습관이란 것이 없다.
그러나 사람들은 마흔 살부터 석화 되기 시작한다.
마흔 살에 접어든 이후
나는 규칙적으로 잠자리에 들고 깨어나곤 했는데
그것이 나의 중요한 일과 였다.

- 마크 트웨인

사람은 나이 40이 되면 이제 모든 것을 책임질 수 있어야 하고 책임질 수 있는 일에 남은 생애를 바쳐야 한다. 인생의 반절은 살았기 때문이다. 지금까지 아무렇게나 살아온 인생이라면 남은 인생만큼이라도 제대로 살아야 한다. 규칙과 질서를 가지고 정결하게 살도록 힘써야 한다. 자기의 모든 것을 소진하여 가치 있는 일에 인생을 바쳐야 한다.

묵묵히 자신의 길을 가라

예술가가 서른 살 이전의 젊은 나이에

두 세 번의 성공을 거두었다면

대중은 얼마 안 가서 그를 지루하게 여기고 말 것입니다.

사람들은 그러한 덜 떨어진 애송이에게

갈채를 보냈던 것을 후회 하기 시작할 것입니다.

시대가 어떠한 평가를 내리든 아랑곳 하지 않고

묵묵히 자신의 길을 나아갈 수 만 있다면

그 예술가는 마흔 살에 접어 들어서는

안정된 위치를 차지 하게 될 것입니다.

– 베르디
(마페이 백작 부인에게 보낸 편지중에서)

너무 빠른 성공은 사람들에게 인생의 참맛을 주지 못한다. 왜냐하면 빠른 성공은 대부분 덜 익은 과일과 같기 때문이다. 그런 과일은 얼마 먹지 못하고 버린다.

농익은 과일은 모든 잎이 다 떨어지고 앙상한 가지에 맺혀 있다. 우리의 인생도 이와 같아야 한다. 인생을 마치는 날 탐스러운 열매를 맺힌다면 그 사람은 성공한 것이다. 물론 그것을 맺히기 까지는 많은 풍파를 거쳐왔지만 말이다.

이런 축복은 사람의 평가에 연연하지 않고 오직 자기만의 길을 묵묵히 간 사람에 게만 주어진다.

이 짧은 인생을 어떻게

인생은 얼마나 짧은가!
해야 할 일과 생각해야 할 것.
말할 것이 내겐 얼마나 많은가?
길 모퉁이 마다에서 춤을 출 것이다.

— 차이코프스키

인생은 짧다고 생각하는 사람은 중요한 일, 옳은 일을 우선으로 한다. 그러나 인생이 길다고 생각하는 사람은 부수적인 일, 바르지 못한 일에 열심을 낸다.

인생이 길다고 생각한 사람에게 어느날 갑자기 인생의 끝이 닥칠때는 인생은 너무나 허무하다. 어떤 사람은 막상 하고 싶은 일을 할려고 할 때면 죽게 되는 경우도 있다. 주변을 보면 인생을 마치는 사람들이 계속 생긴다. 그때마다 나를 생각해 보지만 그렇게 심각하게 생각하는 사람은 그리 많지 않은 것 같다. 왜냐하면 여전히 무의미한 일을 하는 사람이 많은 것을 보면 말이다.

앞장 서서 가라

아, 싸우기 위해

처음 앞으로 나아갔던 긍지에 찬 젊은 시절 이후

수많은 세월이 흘러갔다.

나는 늙었고 피곤하다.

그러나 언제나 앞장 서 가야만 한다.

– 어니스트 새클턴

(그의 세 번째이자 마지막 남극 탐험 원정때에 쓴

1922년 1월 일기 중에서)

인생의 마지막 종을 칠 날이 얼마 남지 않는 사람은 부지런히 자기의 임무를 수행한다. 장거리 경주를 하는 것을 보면 마지막 바퀴를 남겨두면 종을 땡땡 친다.

그러면 선수들은 마지막 혼신의 힘을 다해 달린다. 종소리가 들리는가?

혹시 나의 인생바퀴가 몇이나 남았는지 알고 있는가? 오늘도 앞을 향해 달려가는 나 자신에게 응원을 하자. 마지막까지 최선을 다하자고…

모든 나이에는

모든 나이는 그 나이에 주는 커다란 봄을 가지고 있다.

인간은 언제나 똑같다.

열 살에는 맛있는 음식에

스무살에는 여자에게

서른 살에는 쾌락에

마흔 살에는 야망에

쉰 살에는 탐욕에 이끌려 간다.

그 이후에는 지혜 외에 어떤 것을 따라야 하겠는가?

― 루소

육신적이고 물질적인 것은 나이가 들어 감에 따라 다 사라지지만 오히려 지혜는 나이가 들면서 더 깊어진다.

물론 나이가 든다고 다 지혜가 깊어지는 것은 아니다.

나이가 들어도 탐욕이 더 해질 수 있다.

인생의 의미를 깨달을수록 모든 것을 내려 놓게 된다.

그렇게 되면 실천하는 것도 훨씬 쉽다.

간단하게 살면 실천이 쉽지만 어렵고 복잡하게 살면 실천이 어려운 법이다.

인생이란 본래 그런 것이다

우리가 젊었을 때는 인생에 대해 잘 몰랐기 때문에
인생의 움직임, 오락, 방탕 등이 즐거운 것이었다.
그래서 인생의 가벼운 우여곡절을
아무런 생각 없이 받아 들였다.
그러나 이제 늙어 인생을 의식하다 보니
그 슬픔과 괴로움이 우리를 짓누른다.

– 베르디

인생을 살기 전에 인생의 의미를 미리 안다면 얼마나 좋을까? 그러나 대부분은 그렇지 않다. 그리고 인생을 마칠 즈음에서야 자기의 삶을 후회한다. 그러나 그때는 이미 늦다. 좋아하는 것과 즐길 수 있는 것을 마음껏 해보지만 나중에 남는 것은 허무한 것들이다. 왜 그럴까? 그것으로는 인생을 채울 수 없는 또 다른 것이 있기 때문이다. 우리가 세상에 온 것은 꼭 해야 할 일이 있기 때문이다. 그것을 하지 않고 살면 무엇을 해도 부족하다. 지금이라도 그것을 찾아 보면 어떨까? 나만이 할수 있는 그 일을 말이다.

떠나는 인생에게

최근에 나는 처음으로

우리들이 이 지구상에 머무를 시간이

제한되어 있다는 것을 인식하게 되었다.

내 평생 동안 이런 생각은

전혀 내 마음속에서 일어나지 않았다.

그런데 정원의 나무들을 쳐다 보며

그런 생각을 하게 된 것이다.

우리가 처음 이곳에 왔을 때

그 나무는 키가 작아 내려다 볼 수 있었다.

그러나 이제 내 키보다 더 크게 자란 나무는 나에게 이렇게

얘기 하고 있는 듯하다.

"너는 곧 떠나겠지.

그러나 나는 앞으로도 수 백년 동안 여기 있을 거야"

- 시벨리우스

생각 보다 많은 사람들이 자기들이 등나무 보다 더 오래 살 것이라고 착각하고 살아간다. 그렇지 않고서야 그렇게 미워하며 시기하고 질투 할 리가 없다. 나이가 든 노인들이 여전히 욕심을 버리지 못하고 살아가는 것을 보면 더욱 그런 생각이 든다. 산에 가면 수백년 동안 거뜬하게 서 있는 고목들을 본다. 그러나 인간은 그것에 비하면 100년을 채 살지도 못하고 세상을 떠난다. 조물주는 왜 인간을 이렇게 짧게 살도록 창조하셨을까? 어떤 사람은 너무나 짧은 인생을 살다가 가는 사람이 있다. 그것을 생각하면 너무 슬프다. 그러나 어쩌랴 . 그것이 인생인 것을 … 결국 인생은 오래 사는데 있는 것이 아니라 무엇을 하며 가치 있게 사느냐에 달려 있다.

그래도 나무보다는 더 나은 삶을 살아야 하지 않겠는가?

신앙과 노동

신앙은 종교의 혼이며
노동은 종교의 신체이다.

– 골톤

영과 육이 분리 될 수 없고 신앙과 일은 서로 분리 될 수 없다. 성과 속은 늘 같이 간다. 속 없는 성이 없다. 세속속에서 거룩한 것을 바라 볼 수 있다면 그것이 우리가 꿈꾸는 진정한 성(聖)이다. 세상속에서 살면서 성스러움을 드러낼수 있다면 이보다 아름다운 것은 없다.

고통스러운 사람에게

이 늙은 대통령은
푸른 상의에 검정 바지, 하얀 양말을 신고
커다란 안락 의자에 앉아 있었다.
면으로 된 모자를 써 대머리를 감추고 있었다.
서로 인사를 나누고 우리는 국가와 그의 가문에
경사가 겹쳤다고 치사를 했다.
그는 우리에게 감사를 하고 나서 이렇게 말했다.

"국민이 기뻐한다니 나도 기쁘오. 그렇지만 나에게 축하의 말을 건넬 시기는 이미 지나간 것 같소. 나는 이런 일이 벌어 질 때까지 살아 있는게 부끄럽소 근 1백년 가까이 살아왔는데 너무나 길고 괴롭고, 고통스런 세월이었소."

– 에머슨
(1825년 2월에 미국 대통령인 존 애덤스를 방문하고 나서 쓴 글)

사람들은 가능한 오래 살고 싶어서 안달이지만 막상 얼마 더 살아 본들 마찬가지이다. 의미를 찾지 못하는 사람에게는 더욱더 그렇다. 적당히 먹고 남는 것은 다른 사람에게 나누어 주자. 적당하게 쓰고 남은 것을 필요한 사람에게 나누어 주자. 적당하게 즐기고 남은 여유를 즐기지 못하는 사람들과 나누자

거기에서 인생의 보람을 찾는 다면 오늘도 바쁜 하루가 될 것이다. 채워도 채우지 못하는 어리석은 욕심에 사로잡히지 말고...

한결 같은 목표를 가진 사람

구레 나룻은 끊임없이 변해 가는 인생의 얼굴 위에
책임감과 근엄함과 좀더 진지하고
평온한 표정을 더해 주는 것이 아닐까?
아마도 그는 수확물을 손에 쥐고 들판을 둘러 보는
농부나 혹은 무덤을 돌보는 교회 머슴에 가깝게 보였을지도 모른다.
아니면 폭풍우 치는 칠흑 같은 바다 위에서 배를 조종하는
선장의 얼굴 같은 모습을 하고 있었을지도 모른다.
구레나룻이 있건 없건 간에 그는 여전히
똑같은 목표를 갖고 있었겠지만.

- 칼 샌드버그 의 '아브라함 링컨'에서

우리가 정말 부러워 하는 사람은 처음이나 나중이나 동일한 목표를 두고 살아가는 사람이다. 죽음의 순간에도 처음의 생각을 동일하게 유지하며 사는 사람이야 말로 멋있는 사람이다. 그러나 실제는 목표가 수시로 변한다. 왜 그럴까? 욕심 때문에 아닐까? 한가지 목표를 정하지 못하고 이것 저것 하다 보면 결국 아무 목표도 없는 삶을 살 수 있다. 어제나 오늘이나 동일한 삶을 살 수 있는 것은 목표가 있을 때 가능하다. 그런 사람은 주변의 것에 연연하지 않는다. 그리고 그것을 즐길뿐이다. 어느날 가진 것이 사라진다 해도 없어진 그것을 안타까워 하기 보다는 오히려 즐긴다.

집중력이 문제다

나이가 들어 가면 갈수록 사물에 몰두할 사람은
인간으로서 가장 중요한 자격 또는 천성을
갖추고 있다는 것을 확신하게 되었다.
성공자와 실패자의 실력은 기량면에서나 재능면에서
큰 차이가 없는 것 같다.
지능과 체력이 모두 똑같은 두 사람이 동시에 출발했다고
하면,
집중력이 모자란 쪽이 처질 수밖에 없는 것이다.

- 프레더릭 윌리암스

성공과 실패는 얼마나 한 가지 일에 집중할 수 있느냐에 달려 있다. 그 집중하는 일이 자기 보다는 이웃을 사랑하는 일이면 더욱 좋은 일이다. 나이가 들수록 집중력의 힘이 커지면 그 사람은 기대가 된다. 그러나 나이가 들수록 집중력이 떨어지면 초라해지기 쉽다. 집중력을 가져라. 그것이 관건이다. 이것을 위해서는 그것이 즐거워야 한다. 그리고 가치가 있어야 한다. 집중력을 가지면 생각지 못한 놀라운 힘이 나에게서 나온다. 나이를 뛰어 넘는 젊음의 힘은 집중력에서 나온다.

진정한 기쁨을 찾아라

인생에서 진정한 기쁨은 자신이 가장 중요하다고
생각하는 목적을 위해 쓰여 지는 것이다.
세상이 자신을 행복하게 해 주지 않음을 불평하고
배 아파 하며 열병을 앓고 있는 이기적인 고기 덩어리는
진정한 기쁨을 얻을 수 없다.

나는 나의 인생이 전체 사회에 속해 있으며
내가 살아 있는 동안
사회를 위해 무엇인가 할 수 있다는 것은
나의 특권이라고 생각한다.

나는 죽을 때 내 자신이 완전하게 소진된 상태이기를 원한다.
내가 더 열심히 봉사 할수록 나는 더 오래 살아 남기 때문이다.
나는 이러한 목적을 가지고 인생을 즐긴다.
나에게 있어서 인생은 곧 꺼져 버릴 촛불이 아니라

일종의 찬란한 횃불이다.
이 횃불을 다음 세대에 넘겨 주기 전에
내가 들고 있는 순간만은 가능한 한
최대로 밝게 빛나게 하고 싶다.

— 버나드 쇼

모든 것은 이웃에게 봉사 하기 위해 존재한다. 봉사하지 않은 나의 가진 모든 것은 쓰레기를 모아 놓은 것이나 다름없다. 어차피 주어야 할 것이면 다 주고 떠나자.

사랑하되 목숨을 던져 사랑하고, 용서 하되 일흔번에 일곱 번까지 용서하고, 열정을 바치되 재가 되도록 모두 태워 바치자.

최대로 빛나는 인생을 살다가 때가 되면 사라지는 것이 잘 사는 인생이다. 모든 것을 소진하고 사라지는 촛불처럼…

이런 마음을 가지고 살자

자기 일로 비굴해지거나 소극적이 되는 것을 극복하는

최상의 방법은 남에게 흥미를 가지고

남의 일을 생각하는 것이다.

그러면 주저 하는 마음 따위는 거짓말처럼 사라져 버리고

만다.

남을 위해서 무엇인가를 해줄 일이다.

항상 남에게 친절하게 대하고,

친구와 같은 마음 가짐으로 접촉한다면

당신은 그 훌륭한 결과에 놀라게 될 것이다.

- 데일 카네기

우리가 저지르는 모든 죄악들은 자기만 생각하는데서 나오는 것들이다.

나보다 남을 더 먼저 생각하면 우리가 하고 있는 거짓말. 시기, 질투, 욕심은 어느 순간에 사라질 것이다. 나를 힘들게 하는 것은 나만을 생각할 때다. 남을 생각하고 그들의 유익을 위해서 무엇을 해야 할 것인지 생각하면 지금 친절 보다 더 친절하게 될 것이고, 지금 나눔 보다 더 나누게 될 것이다. 부모가 자녀가 잘 되는 것을 보면서 살아가듯이 우리도 다른 사람이 행복하는 것을 보면서 살아갈수 없을까?

중요한 것은 나 자신이다

신념을 갖지 않는 한

남에게 신념을 줄 수는 없다.

스스로 납득이 가지 않는 한

남을 납득시킬 수가 없다.

― 메슈 아놀드

나 보다 더 소중한 것은 없다. 다른 사람에게 무엇을 줄 때 나 자신을 주는 것 보다 아름다운 선물은 없다. 내가 전하는 그것이 바로 나 자신이다. 이것을 위해서는 먼저 내가 행복하고, 내가 감사하고, 내가 즐거워야 한다. 그래야 그들에게 행복과 감사와 즐거움을 줄 수 있다. 사람과 만나서 가장 얻고 싶은 것은 상대방 자신이다.

모든 것을 다주어도 자신을 주지 못하면 아직 아무것도 안준 것이다. 그러나 다른 것을 아직 안주었다 해도 자신을 주면 모든 것을 준 것이다.

먼저 나를 사랑하라. 그래야 다른 사람을 내 몸처럼 사랑할수 있다.

옳게 사는 것

우리는

오래 살기 위해서가 아니라

옳게 살기 위해 노력해야 한다.

- 세네카

오늘도 우리는 이런 고민에 빠져야 한다. 어떻게 하루를 즐겁게 보낼까 보다는 바르게 사는 것은 무엇일까를... 사람들은 어떻게 하면 하루를 즐겁게 보낼 수 있을까 고민한다. 더 즐겁고 자극적인 것을 찾아 오늘도 이리저리 헤메이는 사람들이 있다. 남의 것을 빼앗고서라도 자기 즐거움을 우선으로 삼는 사람들이 있다.

그러나 오랫동안 즐겁게 사는 길을 찾기 보다는 짧아도 올바른 일을 하다가

죽는 것이 더 낫다. 사실 그렇게 사는 사람은 그리 많지 않다. 여전히 사람들은 옳게 사는 것보다 오래 사는 쪽을 택한다. 그러나 마지막에 만족도를 비교하면 비교가 안된다. 오래 사는 것으로 인간의 행복이 결정된다면 의를 위해 일찍 죽은 수많은 사람들은 바보가 된다. 과연 그럴까?

인생을 결정하는 것

앞으로 닥쳐 올 미래의 어느날

당신은 커다란 유혹에 대항하여 싸우거나

또는 인생의 비참한 슬픔을 맛보게 될 것이다.

그러나 진정한 싸움은 현재 여기에 있다.

현재야 말로 당신이 커다란 슬픔이나

혹은 유혹을 경험하게 될 미래의 어느날

그 어려움을 멋지게 극복할 것인가.

아니면 불행하게도 실패 할 것인가를 결정하는 순간이다.

왜냐하면 성품은 지속적으로 또 장기적인 과정 없이는

결코 형성될 수 없기 때문이다.

- 필립 브룩스

많은 사람들은 미래에 닥칠 일에 대해서 걱정하지만
알고 보면 지금 닥친 이 순간을 잘 보내는 것이 더 힘든 일이다.
현재를 잘 보내는 사람에게 좋은 성품이 맺힌다.
오늘을 잘 보내면 미래에 어려움은 순식간에 사리질수 있다.
현재의 충실한 삶은 미래의 위기를 극복하게 한다.
어쩌면 미래가 불안하기에 오늘을 더 잘살아야 한다고 생각하는 것이 아닐까?
미래가 안정적인 사람은 오늘에 충실하지 않는 법이다.
그래서 인간에게는 미래가 늘 불투명한지 모른다.

정신능력이 승부를 가른다

스포츠계에서 최고 수준의 기록은

과학적인 근거를 기분으로 고려해 볼 때

마흔 다섯 살 때 부터는 달성하기 힘든 것으로 나타난다.

신체적 능력은 어린 나이에 급성장했다가 급하락하고

정신적 능력은 늦게서야 계발된다는 일반적인 견해에는

충분한 근거가 있는 것이다.

- 제임스 E. 버렌
('나이의 심리학'중에서)

나이가 들면 우리는 자칫 약해지기 쉽다. 이루지 못한 꿈을 나이 때문에 포기하고 나이 때문에 새로운 일을 좀처럼 시작하려 하지 않는다. 그것은 인생을 육적으로만 보려는 오랜 습성에서 생긴 것이다. 육신적으로 살아왔던 사람은 나이가 들수록 힘들어질 수밖에 없다. 이것을 안다면 처음부터 정신적인 능력을 키워야 한다.

겉 사람은 후패해 가더라도 속 사람은 날로 새롭게 되는 길을 찾아야 한다.

지금부터 그 길을 찾아 노력해야 한다. 나이가 들면 그때는 힘들다. 정신적인 능력은 하루아침에 이루어지는 것이 아니기 때문이다.

기억하라. 마지막 승부는 육신이 아니라 정신인 것을.... 물론 육신적인 체력을 꾸준히 관리하면서 정신적인 능력을 배양하면 더 좋은 일이다.

이 방법을 사용해 보라

나는 늘 오후에 들어서면 무슨 일이 있어도 한 시간씩 낮잠을 잤다.
다행히도 나에게는 침대에 누우면 즉시 잠드는 버릇이 있었다.
이런 방식으로 나는 하루 하고도 반나절이 걸릴 일들을 하루에 압축시킬 수 있었다. 인간은 체질상 그 중간에 달콤한 망각의 혜택을 얻지 못하면
아침 여덟 시부터 자정까지 일할 수 없게 되어 있다.
20분 정도의 짧은 잠이라도 신체에 새로운 힘을 불어 놓기에 충분했다.
매일 오후, 아이처럼 침대에 누워 잠을 자지 않으면 안 된다는 사실이 후회 스럽기도 했지만 그 덕분에 자정까지, 어떤 때는 새벽 두 세시까지 일할 수가 있었고 이어 그 다음날은 아침 여덟시나 아홉시부터 일과를 시작할 수 있었다.
나는 전쟁 기간 내내 이 일과를 계속했으며 지속적으로 몸을 혹사 해야 할 형편에 있는 다른 친구들에게도 이 방법을

써 보라고 권했다.

– 윈스턴 처칠
(수상이 되기 전에 1948년에 쓴 '제 2차 세계 대전' 제 2권에서")

자기에게 맞는 휴식의 방법을 가지고 있는 것은 열정적으로 일하기 위해서
꼭 갖추어야 하는 삶의 조건이다. 그중에서 잠을 잘 자는 습관이다. 깊게 숙면하면 그 보다 더 좋은 건강법은 없다. 우울증은 잠을 자면 해결된다. 우울증의 첫증상은 잠이 잘 안든다는 것이다. 잠을 깊게 자지 못하고 일찍 눈이 떠지는 것이다. 그렇게 되면 육신은 힘이 빠지게 된다. 낮에 열심히 일하고 피곤하면 밤에 깊은 잠에 빠지게 된다. 잠은 버리는 시간이 아니다. 모든 것을 얻는 생명을 창조하는 시간이다.

그 나이에 필요한 것

스무살엔 의지가 지배하고

서른 살엔 위트가

마흔 살엔 판단력이 지배한다.

- 벤저민 프랭클린
('가난한 리처드 연감' 중에서)

인생을 사는데 많은 것이 필요하지만 가장 중요한 것은 판단력이다. 특히 선악을 분별할 수 있는 능력을 얻기 위해 노력해야 한다. 다른 것을 더 얻어도 여기서 어긋나면 모든 것이 틀어진다. 인간은 매순간 판단 해야 하는 선택속에 살아간다.

죽는 순간까지 이것은 계속된다. 바른 판단력을 가질 수 있다면 그것 보다 귀한 자산은 없다. 판단력은 나이가 들어도 사라지지 않는 힘이다. 오히려 예지의 능력은 나이가 들면서 빛이 난다. 다시 한번 생각하자. 판단력 그것은 나를 마지막까지 지킬수 있는 무기이다. 지금이라도 판단력을 얻기 위해 시간을 바치자.

운명아 비켜라

'자기 앞 길에 어떠한 운명이 기다리고 있는가.
그것을 묻지 말고 앞으로 나아가라!
그리고 담대하게 자기의 운명에 직면하라.'
이것은 옛 말이지만 거기에 인생의 풍파를 헤치고
넘어 가는 묘법이 있다.
운명을 겁내는 사람은 운명에 먹히고
운명에 부닥치는 사람은 운명이 길을 비킨다.

― 비스마르크

우리가 생각하는 운이라는 것도 사실 알고 보면 하나님이 하시는 일이다.

사람들은 그것을 인간이 예측하지 못하기에 그저 운으로 돌리는 것 뿐이다.

그것을 누가 주장하는지 모르기에 운이라고 말한다.

인간이 노력해도 안 되는 것은 하늘의 뜻이라고 생각하면서 그대로 받아들이면

오히려 쉽게 일이 풀린다. 어떤 일은 노력해야 이루어지지만 어떤 것은 그냥 기다리고 있으면 저절로 해결되는 일도 있다. 담대하게 이해 못하는 일을 받아들이고 거기서 해결점을 찾아가면 우리가 생각했던 좋지 않은 운명은 어느새 사라질 것이다.

열살 때 이미

나의 아버지는 내가 아직 자그마한 아이였을 무렵
나로 하여금 문학에 눈을 뜨게 해주었다.
나는 열 살 때부터 수업을 마치고 나서는
한밤중에 잠자리에 들 때까지 좀처럼 밖으로 나가는 일이
없이 열심히 책에 파묻혔다.
사실 이것이 나의 시력에 손상을 끼친 직접적 원인이 되었다.
게다가 선천적으로 허약한 기질이어서 두통까지 빈번하게
겹치곤 했다.

— 밀턴

부모는 아이에게 있어 아이의 숨겨진 잠재력을 찾도록 도와주는 최고의 선생님이다. 잠재력을 알고 있는 부모에게는 자기와 닮은 아이의 잠재력을 발견하기가 훨씬 용이 하다. 사람은 누구에게나 가지고 있는 천부적인 재능이 있다. 그것을 가지고 인생을 승부하라. 그러면 누구나 승리할수 있다. 문제는 자기 것을 찾기 보다는 다른 사람의 것을 모방 하다가 시간을 허비하기에 인생이 힘든 것이다. 지금이라도 나만의 것이 무엇인지 그것을 찾아 보라. 믿음을 가지고 구하라. 그러면 주어지고 간설히 찾으면 언젠가는 찾아 질 것이다.

어린시절에 맛보는 고독

그는 열 두살이 되었다.
이제 어린 시절은 끝난 셈이었다.
그해 봄이 무르익어 갈 무렵 그는 처음으로
고독의 기쁨을 한껏 맛보았다.
얇은 잠옷으로 몸을 감싼 채
그는 과수원의 창가에 서서 어둠에 묻힌 바깥을
내다 보고 있었다.
어둠속에 홀로 있다는 기쁨에 취해
향긋한 밤공기를 들이 마셨다.
점차 희미해지는 휘파람 소리를 들으며.

– 버지니아 울프
('천사여. 고향을 돌아 보라'에서)

대부분 천재적인 작가들이나 위인들을 보면 일찌기 인생의 의미를 깨달은 사람들이다. 이런 면에서 어릴 때 자신을 찾기 위해 고민하는 일은 좋은 일이다. 인생은 자기의 깊은 고민 없이는 자신의 존재를 발견하기 힘들다. 고독과 외로움을 무서워 하지 말라. 그 순간이 자신을 제대로 볼 수 있는 기회인 셈이다. 그런 순간에 신앙을 찾으면 그것은 최고의 축복을 얻는 것이 된다. 무엇이든지 가만히 앉아서 편안하게 주어지는 것은 없다. 일생을 편하게 먹고 마시는 일로 시간을 보낼려면 인간 보다는 돼지가 되는 것이 훨씬 낫다.

3부

가을

인생의 준비기간

나는 운명과 함께 걷고 있는 듯한 기분입니다.
나의 모든 과거는
이 순간과 이 시련을 맞기 위한
준비 기간이었던 것 같습니다.

— 윈스턴 처칠
(1940년 5월 11일 수상이 되어)

주변에 보면 어려운 사람들이 많다. 깊게 들어가 보면 모두가 힘든 하루를 보내고 있다. 겉보기에는 즐거워 보여도 실제 그들의 속 삶은 우리 보다 더 고통스러운 것이 있다. 문제는 그런 시간들을 잘 보내는 것이 지혜로운 삶이다. 인생에 일어나는 모든 연단과 사건들은 결국 어려울때에 든든히 서기 위함이요 모든 것을 이룬 후에 겸손하게 서기 위함이다. 고난 없이 이룬 성공은 성공이 아닌 실패다. 가장 큰 실패는 무엇인지 아는가? 그것은 실패 없이 성공 한 것이다.

지금이라도 실패를 즐겨라. 그리고 그 시간을 준비 시간으로 삼아라. 고난이 길면 길수록 위대한 것이 태어날 확률이 높다.

외부에서냐? 내면에서냐?

젊을 때는 외부의 대상과 외부 세계에서 영감을 얻는다.
그리고 그 대상에서 황홀감을 얻는다.
그러나 인생의 만년에 접어 들면 황홀은 내면에서 온다.
자신의 내면적 감정을 표현하고 싶은 욕망 때문에
화가는 특별한 출발점, 특별한 형태를 찾아 나서게 된다.

— 시몬 드 보브아르

인생의 참맛은 외면에서 내면으로 들어 갈 때이다. 우리가 생각하지 못한 어마한 보화는 외부가 아닌 우리 안에 있다. 그런데 많은 사람들은 보화를 외부에서 찾는다. 외면에 관심을 갖는 사람들은 얼마 지나면 허무하게 무너진다. 가능한 빨리 내면 속으로 들어가라. 마음과 영혼에 대한 고민을 해보고 거기에서 즐거움을 찾아라.

왜 사람들이 쉽게 자살을 택하는가? 그것은 내면의 공허함 때문이다. 내면이 힘이 약할수록 극단적인 방법을 사용한다. 당신을 결정하는 것은 외모가 아니라 중심이다. 빨리 중심을 키워라. 그것이 인생을 롱런하는 길이다.

오히려 나이가 들수록

나이가 들어 갈수록
심원함과 독창성이 더 발달했던
화가나 조각가의 경우는 헤아릴 수 없이 많다.

벨리니. 미켈란젤로. 티티안
틴토레토. 푸생. 렘브란트. 고야. 터너. 드가. 세잔. 모네
마티스. 브라크 등은 65세가 넘어서도 대작을 발표 했다.
자신의 기량을 완숙시키는 데에는 평생을 걸리는 것이다.
그리고 그 같은 기량을 발휘 할 때라야 예술가는
본래의 자기 자신일 수 있으며 자신의 진정한 상상력을
발휘하고 있다고 할 수 있다.

— 존 버거
('피카소의 성공과 실패 중에서)

멋있는 성공은 노년의 성공이요 진정한 작품은 오랜 기간동안에 노력하고 일관성 있게 지켜온 것을 드러낼 때 나온다.

그런데 왜 많은 사람들은 노년에 이르러서 빛을 보지 못하고 쇠락해지는지 모르겠다. 혹시 나는 마지막 결승점에서 인생 경기장에 털썩 주저 앉아 있는 노년은 아닌가? 그런 길을 가고 있는 것은 아닌지 다시 생각해 보자. 적어도 내가 하는 일중에 계속 지속하고 그것을 노년까지 목표를 정하지 않고 있다면 그렇게 보는 것은 어쩌면 당연한 일이다. 지금이라도 평생 할 수 있는 그 일을 찾아라…

전심전력 1

전심전력을 다하여 덤빌
수 있는 일이라면
인간은 대개 성공할 수가 있다.

– 찰스 슈워드

집중의 힘을 아는가? 인간은 무엇이든지 하나에 집중하여 주어진 인생을 바치면 틀림없이 성공한다. 대부분 실패는 그것을 끝까지 밀고 나가지 못하는데서 오는 것이다. 왜 끝까지 인내하지 못하고 중간에 포기하는가? 그것은 집중력이 없기 때문이다. 학생이 오래 책상에 앉아 있지 못하고 우왕좌왕하는 것은 집중력이 약해서이다. 전심 전력할 수 있는 일을 먼저 찾아라. 그리고 그것에 모든 전력을 다하라.
그러면 모두가 성공할수 있다.

전심전력 2

전심전력으로 일을 하는 것은
오른손을 두 개 얻은 것이나 마찬가지이다.

– 앨버트 허버트

누구든지 한 가지 일에 전심전력하며 매달리면 위대한 사람이 될 수 있다. 실패는 여러 가지를 하다가 생기는 것이다. 하나에 힘을 쏟으면 나도 모르는 어마어마한 힘이 생긴다. 한번도 집중하지 못한 사람은 이것의 위력을 잘 모른다. 인간이 가진 집중력이 얼마나 놀라운지는 기를 모아서 물건을 부러지게 하는 초능력의 사람을 보면 알 수 있다. 이것은 모두에게 있는 힘이다. 한 가지에 집중해 보라. 그러면 작은 물방울이 단단한 바위를 뚫게 되는 것처럼 나도 엄청난 일을 할수 있다.

내가 바라는 것은

당신도 늙는 다는 것이
얼마나 귀찮은 일인지 잘 알죠?
그렇지만 달리는 기차는 언젠가는
정차 해야 하는 것 아니겠어요?
내가 바라는 건 그 역이 너무 지저분하고
외로운 곳이 아니었으면 좋겠다는 것 뿐입니다.

— 러드야드 키플링
(1935년 70회 생일에 친구에게 한 말)

인간의 삶은 언젠가는 끝이 난다. 한 사람은 이 사실을 가능한 잊고 사는 사람이요 또 한 사람은 이런 사실을 인정하고 그날을 준비하는 사람이다. 마지막 인생기차역이 지저분하고 초라하면 너무나 슬플 것이다. 어차피 멈추는 정류장이라면 아름답게 머물다 가면 좋을 것이다. 인생의 마지막이 아름다워야 그 다음 사람도 행복하다. 그가 머물다 간 자리는 다른 사람이 또 앉게 된다. 그렇다면 내가 머문 자리를 깨끗하게 치우고 가는 것이 다른 사람에 대한 예의가 아닐까?

나이가 들어가면서

젊었을 때는 실제로 벌어진 일이든
그렇지 않은 일이든 뭐든지
다 기억할 수 있었다.

그러나 이제 나이가 들어 가고 있으니
앞으로는 실제로는 벌어지지
않은 일만을 기억하게 될 것이다.

— 마크 트웨인
(페인에게 보낸 편지 중에서)

인생이 깊어 질수록 우리에게 필요한 것은 과거 보다는 앞으로 다가 오는 미래에 대한 것이다. 눈에 보이는 세상의 끝을 넘어 펼쳐진 보이지 않는 미래를 생각해야 한다. 젊은 시절에는 모든 것을 다 기억한다. 하지만 나이가 들면 기억이 색다르게 진화한다. 좋은 일 보다는 나쁜 일이 더 기억이 나는 법이다. 그것은 살아온 인생을 후회하게 될 때 더 그런 모습이 생긴다. 나이가 들면 다양한 상황이 생긴다. 어떤 사람은 치매가 들면서 기억이 사라진다. 그러나 나이가 든다는 것은 부정적인 의미만 있는 것은 아니다. 노년은 오히려 영원에 가까워 지는 것을 뜻한다. 사라지면서 새로운 세계를 향해 나가 시점이 나이 든다는 의미다. 노년에 겨울로 끝나지 않고 겨울을 지나 봄이 오는 희망까지 기대할 수 있다면 그 사람은 정말 행복한 사람이다.

몇 가지 목표에만 집중하라

당신의 의지를 발동시켜 몇 개의 목표에만 집중하라.

젊을 때는 너무 많은 것에 주의를 기울이는 경향이 있다.

설혹 실패로 끝난다고 하더라도 무엇이 문제랴.

어차피 인생의 모든 것은 실패로 끝나게 마련인데

가장 중요한 것은 노력하면서

그것에서 즐거움을 얻어 내는 것이다.

— 프랜시스 체체스터 경
(배로 세계 일주를 하고 난 뒤에)

해야 할 일이 너무나 많아 바쁜 사람들이 있다. 특히 젊은이들은 할 일이 너무나 많아 바쁘다. 해보고 싶은 것도 많다. 그렇지만 너무 많은 것은 유익을 주지 못한다.

세상의 일은 해도 해도 끝이 없다. 그 많은 것을 경험하고 죽을 수 없다. 설사 경험한 다 해도 어떤 사람이 경험하는 한가지만도 못할수 있다. 꼭 해야 할 경험을 하지 못하면 아무리 많은 세상 경험을 한다 한들 의미가 없다.

세계 일주를 하면서 많은 경험을 하는 것은 결국 꼭 해야 할 몇 가지를 찾기 위함이다. 만약 일찍 내가 해야 할 몇 가지를 찾았다면 그는 세계 일주를 한 것 보다 더 위대한 것을 얻은 것이다. 예수는 33년 동안 강원도 크기만한 이스라엘 땅을 거의 벗어나지 않았다. 그럼에도 세상에서 가장 위대한 일을 했다.

노인이 해야 할 일

늙은이로서 해야 할 가장 중요한 것은 이것이다.

노인은 물러서야 함을 알아야 하고

자신이 더 이상 받을 수 없는 명예를

젊은 후계자에게 물려 줄 줄 알아야 하며

더 이상 수행할 수 없는 임무를

인계 할 줄 알아야 한다.

- 토머스 제퍼슨

(1815년 존 본에게 보낸 편지 중에서)

훌륭하게 인생을 산 사람은 인생을 끝마칠 때 연극에서 자기의 대사 보다는 다음 사람의 대사를 생각하며 자기 대사를 말하는 것 처럼 다음 사람이 자기의 뒤를 이어 잘 마무리 하도록 도와주는데 집중한다. 좋은 배우는 자기의 대사에 집중하다가도 대사가 끝날때는 언제나 상대방의 대사를 생각하며 다음 사람에게 연결해주는 일에 집중한다. 언제 멈추어야 하고 언제 이어주어야 하는지를 잘 알고 실천하는 노인은 존경을 받는다. 역사에서 사라지는 노인의 임무는 다음 세대를 잘 키우고 좋은 유산을 이어주는 것이다. 릴레이 선수가 다음 주자에게 바톤을 남기듯이 노인의 마지막 임무는 오직 다음 사람의 손에 넘기는 좋은 유산에 있다. 바톤을 인계할 그때가 가장 집중력이 필요한 중요한 때이다.

개혁을 성공할려면

반드시 이루어야 하는 모든 대개혁은
하나님이 함께 함으로 성공한다.

– 괴테

세상은 어디든지 개혁을 원한다. 새로운 변화를 이루기 위해서는 개혁이 필수다. 하지만 개혁을 이루기 위해서는 많은 희생을 치루어야 한다. 수십년 통치를 한 독재자를 연약한 국민의 힘으로 무너뜨리는 일은 결코 쉽지 않다. 그러나 역사적으로 보면 독재자들은 그렇게 해서 무너졌다. 개혁의 흐름을 거스르지 못하고 불행하게 마친 정치가들이 많다. 그런데 한 가지 알아야 할 것은 그것을 이루는 데는 보이지 않는 하나님이 간섭이 절대적이다. 그렇지 않고서야 어떻게 연약하게 보이는 선이 악을 이길 수 있겠는가? 모든 개혁자들은 한결같이 진실을 기억하는 하나님에 대한 믿음이 있기에 바보같이 희생 하는 것이 아닐까?

수고로운 인생에게

나는 늘 운이 좋은 사람으로 치부되어 왔다.

그러니 내 인생 행로를 불평하거나 탓하지 않겠다.

그러나 내 인생에는 노력과 근심만이 있었을 뿐이다.

일흔 넷의 인생을 돌아 볼 때,

정말 안락을 구가 했던 기간이라곤 단 한 달도 되지 않는다.

끊임없이 구르는 돌과 같은 인생이었다.

나는 계속하여 돌을 굴리지 않으면 안 되었다.

— 괴테
(1824년 요한 에커만에게 자기의 인생을 회고하면서 쓴 글 중에서)

인생은 어차피 수고로운 인생이다. 아무리 부유하게 또 건강하게 살았다 해도 그 역시 수고로운 인생이다. 아무리 노력해도 인간은 온전한 안락은 누릴 수가 없다. 이것을 알고 행하면 복이 있다. 인생은 늘 그런 거라고 생각하면 오히려 편안하다. 하지만 인생은 그렇게 사는 것이 아니라고 생각하면 늘 피곤하다. 죽음에 임박해서도 죽음의 고통으로 인해 눈물을 흘릴 뿐이다. 그렇다면 고통을 벗어나려 하기 보다는 오히려 고통에서 안락을 누리는 법을 찾는 것이 지혜롭다.

두 사람의 차이

무슨 일인가 시도해 보고 실패하지 않는 자와
아무 일도 시도 해 보지 않고 성공하는 자와의
사이에는 측량할 수 없는 차이가 있다.

- 로이드 존스

아무것도 안하고 실패하지 않는자 보다 무언가 해보고 실패하는 사람이 되라. 아무리 많이 실패 한다 해도 얼마 있으면 곧 끝이 나기 때문이다. 그렇다면 많은 시행을 하는 것이 중요하다. 설사 실패를 계속한다 해도. 그것이 인생을 잘 사는 비결이다. 실패를 두려워 하지 말고 앞으로 향해 전진하다. 그것이 인생이다. 성공을 통해서 얻은 것 보다 실패를 통해서 얻는 유익이 훨씬 많다.

우리를 슬프게 하는 것들

초행의 낯선 어느 시골 주막에서의 하룻밤
시냇물이 졸졸 흐르는 소리.
곁 방문이 열리고 소곤거리는 음성과 함께
낡아빠진 헌시계가 새벽 한 시를 둔탁하게 치는 소리가 들릴 때.
그때 당신은 불현 듯 일말의 애수를 느끼게 되리라.
날아 가는 한 마리 해오라기,
추수가 지난후의 텅빈 밭과 밭. 술에 취한 여인의 모습
어린 시절 살던 조그만 마음을 다시 찾았을 때
그곳에는 이미 아무도 당신을 알아 보는 이 없고
일찌기 뛰놀던 놀이터에는
거만한 붉은 주택들이 들어 서 있는 데다
당신이 살던 집에서는 낯선 이의 얼굴이 내다 보고
왕자처럼 경이롭던 아카시아 숲도 이미 베어 없어지고 말았을 때.
이 모든 것은 우리의 마음을 슬프게 하는 것이다.

하지만 우리를 슬프게 하는 것들이 이것 뿐이랴.

오뉴월의 장의 행렬. 가난한 노파의 눈물, 거만한 인간. 바이올렛 색과 검정색

그리고 회색의 빛깔들, 둔하게 울려 오는 종소리

징소리. 바이올린 G현. 가을밭에 보이는 연기. 산길에 흩어져 있는 비둘기의 깃. 자동차에 앉아 있는 출세한 부녀자의 좁은 어깨, 유랑 가극단의 여배우들.

세 번째 줄에서 떨어진 어릿광대. 지붕위로 떨어지는 빗소리. 휴가의 마지막 날 사무실에서 때묻은 서류를 뒤적이는 처녀의 가느다란 손. 만월의 밤. 개짖는 소리, 굶주린 어린 아이의 모습. 철장 안으로 보이는 죄수의 창백한 얼굴 무성한 나뭇가지 위로 내려 앉은 하얀 눈송이 –

이 모든 것 또한 우리의 마음을 슬프게 하는 것이다.

– 안톤슈냑
(그의 책 '우리를 슬프게 하는 것들' 중에서)

이 세상의 나타나는 것들은 우리들을 기쁘게 하기 보다는 슬프게 하는 것들이 오려 많다. 그런 것들을 더 보면 볼수록 나도 모르게 슬퍼진다. 그럼에도 슬픔속에서 지저대는 새소리가 기쁘게 들릴 때가 있다. 초라하게 인생의 무대에서 퇴장하는 노인의 뒷모습은 우리를 슬프게 한다. 그럼에도 한평생 열심히 살았던 모습을 생각하면 마음이 뿌듯하다. 어차피 진정한 기쁨은 눈물 속에 있는 법이 아닌가?

위인이 될려면

큰 잘못을 범하지 않는 동안에는
어느 누구도 위인이나 선인은 될 수가 없다.

- 윌리엄 글래드 스톤

인간은 날 때부터 밥을 먹으면서 또한 죄를 먹고 사는 존재다. 이런 인간이 자기의 죄악된 모습을 발견한다면 드디어 선인이 되는 길이 열리는 셈이다. 인간이 선인이 되는 길은 간단하다. 먼저 자기가 죄인임을 깨닫고 겸손하게 살면 그것이 곧 선인이 되는 길이다. 인간이 의인이 되는 길은 오직 하나 밖에 없다. 자기가 죄인임을 깨닫고 그것을 인정하면 그는 다른 사람을 존경하게 되고 사랑하게 된다. 그렇지 않고는 누구도 인간은 자기 교만에서 벗어날 수 없다. 인간은 죄인이면서 의인이고 의인이면서 죄인이다. 이것이 누구도 사람을 미워 할 수 없는 이유이다.

양면을 이야기 하자

우리에게 우리 인간의 위대함을 보이지 않고
금수와 다름없는 점만 보이는 것은 위험한 일이다.
그러나 반면 인간의 비루한 점을 이야기 하지 않고
위대한 점만 이야기하는 것도 역시 위험한 일이다.
우리는 인간의 이 양면을 한꺼번에 이야기 하여야 한다.

— 파스칼

인간은 선과 악이 공존하는 원형 경기장과 같다. 두 명의 검투사가 싸우는 경기장이 사람의 마음의 모습이다. 오늘도 선과 악이 마음속에서 싸우고 있다. 그것으로 인해 사람은 힘들어하고 또한 즐거워 한다. 사람은 그것의 교차를 경험한다.

사람은 위대한 모습과 비천한 모습이 함께 있다. 누구도 이 두 가지 중에서 하나만 가지고 있는 사람은 없다. 그것에 속지 말라. 사람위에 사람 없고 사람 아래 사람이 없다. 내가 너무 비참해질 때는 나의 위대함을 바라보라. 그리고 내가 너무 높아질때는 나에게 있는 연약함을 솔직하게 인정하라. 사람들은 이 두 가지를 잘 적용하지 못하기에 실패하는 것이다.

부귀가 더 힘들다

가난을 이겨내는 자는 많으나
부귀를 이겨 내는 자는 적다.

– 카알 라일

사람들은 가난이 힘들다고 말한다. 그러나 알고 보면 가난 보다 부귀를 이기기가 더 어렵다. 인생에 실패한 사람들 대부분은 가난해서 라기 보다는 너무 부유해서 생겨난 일들이다. 인생은 부자로 사느냐, 가난하게 사느냐가 중요한 것이 아니라 그것을 잘 이겨내면서 정말 성공적인 인생을 사는 것이 더 중요하다. 어느 쪽을 잘 이길 수 있는가? 그것을 현명하게 택하라.

할 수 있는 일, 할 수 없는 일

한 마리의 새가

우리의 머리 위를 지나는 것을 막을 방법은 없다.

그러나 그 새가 우리 머리 위에 내려와서

집을 짓는 것을 막을 힘은 우리에게 있다.

그릇된 생각이 가끔 우리 머리 위를 스치는 것은 불가피한 일이며

인간의 머리란 늘 잡다한 생각이 맘대로 들어 닥치기 마련이다.

그러나 그 그릇된 생각을 쫓아 버리는 힘,

즉 양심이 우리에게 있다.

― 루터

지혜는 내가 할 수 없는 일과 내가 할 수 있는 일을 잘 구별해 내는 능력이다. 내가 할 수 있는 일은 최선을 다해 열심히 하고, 내가 할 수 없는 일은 하늘에 맡기며 기도하자. 가능하면 다른 사람에게 도움을 구하자. 내가 할 수 없는 일을 다른 사람에게 도움을 구하는 것은 부끄러운 일이 아니다. 정말 부끄러운 일은 내가 할 수 있는데도 노력하지 않고 그것을 다른 사람에게 도움을 구하는 일이다.

젊은 시절을 잘 보내야

청년들은 인생이 한없이 긴 것으로 생각한다.

그러나 인생을 살아온 노인들은 그 젊은 날의 세월이

얼마나 빨리 지나갔던가를 말한다.

젊은 시절을 너무 헛되이 보내서는 안된다.

모든 것은 젊었을 때 열심히 구해야 한다.

젊음은 그 자체가 하나의 빛이다.

젊은 시절에 열심히 찾고 구한 사람은 늙어서 풍성하다.

— 괴테

노년에 이루어진 것은 젊은 시절에 쌓아 놓은 것들의 양과 비례한다. 젊은 시절에 힘을 준 것은 노년까지 영향을 주는 일에 열심을 내라는 의미가 담겨 있다. 그러나 젊음의 힘과 정열을 일시적인 쾌락과 즐거움에 낭비하는 것은 정말 어리석은 일이다. 그런 사람은 노년이 슬프고 힘들다. 젊음의 시간이 많다고 함부로 보내서는 안된다. 그것은 순간에 지나간다. 수많은 사람들이 그렇게 후회한 시간이 지금 내가 살고 있는 시간임을 안다면 젊음의 시기를 잘 보내야 한다. 가능하면 가치 있는 것에 시간을 더 보내야 한다.

정해진 길

진지하게 돌이켜 보건대
한 해 한 해가 흐르는 동안
우리는 얼마나 빨리 소환되고 있는 것인가.
여기 한 남자가 요리되기를 기다리고 있거니.

바위가 아닌 모래밭 위에 지어진
우리네 삶은 얼마나 부서지기 쉬운 것인가.
우리는 매 시간 죽음의 문에 기대고 있나니
자꾸만 문을 두드리는 자가 있거니.

인간의 모든 날들은 정해진 길이 있고
우리네 운명은 어쩔 수 없어라.
내 육체는 벌레들을 키우리니
그것들은 우리를 먹이로 삼으리라.

내 몸이 한 줌 흙으로 변할 때

내 소중한 친구들은 조종 소리를 들으리니

오, 그들로 하여금 한숨쉬고 말하게 하라.

나는 하늘의 종소리를 듣노라고.

– 토머스 후드

('마흔 일곱 살에 부치는 시' 중에서)

사람은 정해진 코스를 달려 간다. 아무렇게 인생이 가는 것은 아니다. 가기 싫어도 우리는 뒤돌아 갈수 없이 오직 앞을 향해 가고 있다. 다만 빨리 가고 늦게 가고 차이만 있을 뿐이다. 인간은 누구나 어머니 뱃속에서 태어났듯이 모두가 죽음이라는 종착역에서 만난다. 시작과 끝은 모든 인간이 같다. 그런데 과정은 아주 다양하다. 그런데 사람들은 모두가 한결같은 시작과 끝을 생각하기 보다는 과정에서 성공과 실패를 따지며 서로 비교한다. 왜 그러는지 모르겠다. 어차피 나중에는 한곳에서 만나는 것을… 그렇게 보면 지금 어떻게 살아야 하는지 대충 알 수 있다.

두 사람

여기 젊은 두 사람이 있다.

그들은 어디도 보나 미래가 빛나는 건강한 몸을 갖고 있다.

세월이 지난 뒤에 보니,

한사람은 뛰어 나고 다른 한 사람은 낙오되어 버렸다.

이 두 사람의 거리는 너무 큰 차가 났다.

이것은 하루 하루 자기의 시간을 유익하게 이용했느냐

혹은 허송했느냐에 달린 결과이다.

– 벤자민 플랭클린

하루를 어떻게 보내느냐가 미래의 모습을 결정한다. 하루의 시간에 기름을 저축하는 것으로 우리는 미래의 불을 밝힌다. 기름을 많이 저축하면 빛을 더 오래 밝힐 수 있다. 오늘 하루가 나의 미래의 모습이다. 오늘 정직하면 내일도 정직하다. 오늘 최선을 다하면 미래도 최선을 다하는 사람이 된다. 오르는 계단을 보면 처음 계단이나 마지막 계단이 모두 같다. 나중이라고 특별히 달라진 것이 없다. 인생은 오늘을 가지고 미래를 사는 것이다. 오늘 나의 하루는 어떤가? 스스로 평가를 해보자.

산다는 것

산다는 것,

그것은 서서히 다시 태어 나는 것이다.

- 생텍쥐페리

사람들은 인생은 점차 죽어 가는 것이라고 말한다. 물론 틀린 말은 아니다. 육체적으로 생각하면 맞는 말이다. 그러나 마음으로 보면 서서히 다시 태어나는 것이다. 만약 인생을 죽음으로만 표현한다면 얼마나 슬픈가. 그렇다면 인간이 굳이 태어날 이유가 없다. 어차피 그렇게 죽는 것이라면 말이다. 하지만 그렇지 않다. 인생은 죽는 것 같지만 다시 태어나는 것이다. 새로운 세상을 향해 점차 일어나고 있는 것이다. 그러나 이 진리를 알지 못하고 사는 사람이 얼마나 많은가? 그런 사람은 나이가 들수록 허탈하고 힘이 없다. 그러나 미래의 영원한 소망이 있는 사람에게는 오히려 반대다. 이제 이렇게 말하자. 우리는 죽는 것이 아니라 서서히 태어난다고…

성공의 첫걸음

모든 실패는 성공으로 향하는 첫걸음이다.
어디가 잘못되어 있고
어디가 잘되어 있는가를 판명할 때마다
우리들은 진실을 향하여 진일보 한다.
한번 경험할 때 마다 저도 모르게 범하게 될 듯한
실패가 한 가지씩 줄어 든다.
그것 뿐 아니라
무엇인가를 시도하다가 완전히 실패로 끝나는 경우는
좀처럼 없다.
또 진지하게 생각하고 나서 얻은 이론 이라고 하면
어떤 이론이라도 완전히 잘못되어 있는 일은 없다.
어쩌다 범하게 될지도 모를 실패에도
진실을 탐구해서 얻어지는 매력 같은 것이
반드시 숨겨져 있다.

- 월리 휴엘

원래 실패라는 단어는 성공의 글자를 만들어 주는 작은 고리와 같다. 실패의 고리가 많이 연결될수록 성공이라는 그림은 더 크게 된다. 작은 실패는 작은 성공을 낳고 많은 실패는 큰 성공을 낳는다. 성공이라는 단어는 실패라는 단어를 통해서 만들어진 글자이다. 그런데 사람들은 성공이라는 단어 그 자체로만 성공을 본다. 자음과 모음이 만나서 한 글자를 이루듯이 성공은 수많은 작은 실패를 통해서 만들어지는 글자임을 안다면 지금의 실패를 무작정 피할려고만 하지 않을 것이다.

인생 무대

이 세상이란

제 각기 어떤 역 하나씩 맡아서 연기해야 할 무대이다.

– 세익스피어

사람은 오늘도 세상이라는 무대 앞에서 자기가 맡은 배역을 하고 있다. 연극은 본래 혼자 할 수 없다. 마찬가지로 인생살이도 많은 사람들이 한데 모여 자기배역을 맡아 오늘도 한 가지 이야기를 만들어 가고 있는 것이다. 자기의 배역을 알고 그 배역에 충실하는 것이 중요하다. 주연은 모두 엑스트라와 조연을 거친 사람에게 주어지는 배역이다. 처음부터 주연은 없다. 그럼에도 모든 배역은 주연이다. 인생 무대에서 자기의 맡은 배역을 주연처럼 연기하면 그는 언젠가 주연이 된다. 최고의 연극은 모두가 주연처럼 연기한다. 그런 연극을 보는 것은 참으로 즐거운 일이다. 내가 주연이 아니라고 해서 슬퍼하지 말라. 주연처럼 연기하면 그 배역에서는 그가 곧 주연이다.

영웅과 범인의 차이점

영웅이란 자기가 할 수 있는 일을 한 사람이다.
그런데 범인은 그 가능한 일은 하지 않고
도저히 바랄 수 없는 일만 바라고 있다.
영웅의 포부는 보통 사람 보다 큰 것이지만
출발점에 있어서는 눈앞의 작은 것부터
열심히 처리 한다는 사실을 우리는 주목해야 한다.

- 로망 롤랑

영웅의 출발은 언제나 작은 것이었다. 큰 것에서 출발한 영웅은 하나도 없었다.

작은 것은 누구나 할 수 있는 일이다. 그렇다면 누구나 영웅이 될 수 있다. 다만 작은 것을 우습게 볼 때 영웅에서 멀어지는 것이다. 영웅들은 한결 같이 작은 것을 귀하게 보는 눈을 가지고 있다. 영웅은 그때부터 이미 영웅이 된 것이다. 영웅이 나중에 되지만 사실은 오래전에부터 영웅의 씨는 자라고 있다. 나에게도 영웅의 씨앗은 있다. 작은 것을 볼 수 있는 힘을 가진다면 지금이라도 나는 영웅의 대열에 낄 수 있다. 그렇다면 영웅은 언제 무너지는가? 작은 것의 소중함을 잃어버리는 순간 영웅은 무너진다.

돈을 쓰는 지혜

돈은 바보라도 모을수 있지만 쓰는데는 지혜가 필요하다.

- 영국의 속담

돈은 쓰기 위해서 모으는 것이다. 그렇다면 돈을 모으기 전에 쓰는 법을 배우는 것이 순서다. 돈을 벌고 나서 그때 쓰는 법을 배우면 늦다. 돈을 나누고 쓰기 위해 번다면 처음부터 돈을 사용하는 법을 배우는 것이 옳다. 그래야 돈을 버는 순간에 돈을 어떻게 사용할지를 고민하게 된다. 돈을 사용하는 것은 오랜 습관에서 이루어진다. 단번에 마음먹는다고 되는 것이 아니다. 돈을 잘 쓰고 싶다고 돈을 사용할 수 있는 것이 아니다. 이미 돈을 많이 벌고 나면 돈에 노예가 되어서 돈을 내 마음대로 사용할 수 없게 된다. 돈이 없어도 돈을 잘 쓰는 것을 생각하며 상상하라. 그런 사람에게 돈이 벌린다.

자연이 주는 유익

보라, 하늘의 별들

그처럼 상냥한 눈동자가 또 어디 있겠는가.

지나는 새의 노래는

나에게 무엇인가 이야기 하고 있을 것이야.

푸른 꽃은 없지만

나의 마음의 눈은 어느 샘터에서 푸른 꽃잎을 본다.

꽃잎이 하늘 가리자. 그 속에서 소녀의 얼굴이 떠오른다.

자연과 신비의 넓은 세계에 눈을 주어라.

그것은 물질 세계에 예속 된

메마른 마음을 흐뭇하게 적셔 줄 것이다.

- 노발리스

꽃이 피고 잎이 파릇하게 돋아나고 단풍이 들면서 열매를 맺고, 낙엽이 지고 바람에 날려 떨어지는 자연의 생애를 보면서 우리는 인생을 느낄 수 있다. 수많은 사람들이 오가며 그런 자연처럼 살다가 갔다. 그리고 봄의 새싹처럼 또 새로운 사람이 태어난다. 자연은 우리에게 인생을 어떻게 살아야 하는지 정확하게 가르쳐 준다. 자연만 잘 살펴도 인생의 진리는 쉽게 다가 온다. 특별하게 깊은 산에 들어가 인생을 관조하지 않아도 일상 생활속에서 충분히 느낄 수 있다. 정확하게 수천년 동안 동일하게 되풀이 되는 자연을 보면서 나는 어떤 자연의 소리를 듣는가? 70-80년 동안 반복되는 그 소리를 나는 과연 듣고 있는가?

취임사

그러므로 친애하는 미국 시민 여러분,

조국이 여러분을 위해 무엇을 할 수 있는가를 묻지 마십시오.

여러분이 조국을 위해 무엇을 할 수 있는 가를 물으십시오.

친애하는 세계 시민 여러분,

미국이 여러분을 위해 무엇을 해야 할 것인가를 묻지 마시고,

우리 모두가 인간의 자유를 위해 무엇을 할 수 있겠는가를 물으십시오.

끝으로 여러분이 미국 시민이든 세계의 시민이든 간에,

우리가 여러분에게 요청하는 바는 같은 높은 수준의 능력과 희생을

이곳 우리에게 요청하십시오. 훌륭한 양심으로 우리의 유일하고 확실한 보답을 얻고, 역사와 더불어 우리 행위의 최후의 심판을 받으며, 우리는 하나님의 축복과 그의 도움을 빌며, 이 지상에서 하나님의 과업이 참으로 우리 자신의 것이

어야 한다는 것을 깨달으며, 우리가 사랑하는 이 나라를 이끌고 전진 합시다.

-존 에프 케네디

(미국 35대 대통령이었던 그는 '뉴 프론티어 길'과 핵실험 금지와 평화군 창설 등을 이루었으며 위의 연설문은 1961년 1월 20일 대통령 취임사에 행한 연설로 지금까지 명 연설문으로 온 세계가 읽혀지고 있다. 위의 글은 그중에 가장 중요한 부분이라 할 수 있는 마지막 부분이다.)

인생은 누가 나를 위해 살아 주는 것이 아니고 내가 살아가는 대로 그림이 그려진다. 처음에는 흰 도화지였다. 그리고 우리는 하나씩 그림을 그리기 시작했다. 그리고 다 그린 그림을 하나님에게 올려드리고 우리는 세상을 떠나야 한다. 나는 어떤 그림을 지금 그리고 있는가? 각자 자유롭게 그릴 수 있는 특권을 부여 받았다. 나만의 그림을 마음껏 그려 보자. 시간이 지나기 전에.

가능한 많이 느끼라

한 사람의 인간이

자기의 삶과 자기의 반항,

그리고 자유를 느끼며,

될 수 있는 한 많은 것을 느끼는 것이

사는 것이요 많이 사는 것이다.

- 까뮈

인간은 동물과 다르게 느끼는 대로 행동하고 생각하는 대로 실천한다. 느낌에 둔하고 생각이 녹슬면 당연히 행동이 둔하고 실천에 약하다. 인간에게 느낌이 있다는 것은 좋은 일이다. 아무리 힘들어도 좋은 느낌을 가지면 그것은 좋은 일이 된다. 그러나 아무리 좋은 일이라도 나쁜 감정을 가지면 그것은 나에게 나쁜 것이 된다. 감각으로만 느끼지 말고 생각하며 느껴라. 그래야 느낌의 깊이를 알 수 있다. 나쁜 느낌을 갖는 것은 아직 깊게 느끼지 못해서 생긴 현상이다. 깊은 곳에 있는 향기를 느끼면 이 세상은 모두 아름다운 것이다.

파랑새 찾기

파랑새를 찾아 깊은 숲에도 가보고

호화 찬란한 궁전에도 가 보았으나

거기에도 파랑새는 없었다.

실망하여 집에 돌아 오니

집의 추녀 끝에 파랑새가 있었다.

                    - 마테를 링크의 '파랑새'에서

인간이 원하는 행복은 원래 없는 것이다. 그냥 있다고 생각할 뿐이지 막상 그것이 행복이라고 붙잡는 순간 그것은 행복이 아니다. 행복은 가까운데 있다. 집의 추녀 끝에 내가 원하는 파랑새가 있다. 그런데 사람들은 이것을 왜 잘 보지 못할까? 가까운 것은 처음에는 잘 안 보인다. 대체적으로 마지막에 보이는 법이다. 멀리 있는 것 보다 가까운 것을 보기 위해서는 마음이 깨끗해야 한다. 원래 파랑새는 육신의 눈이 아닌 마음의 눈으로 보는 것이다.

영웅이란

영웅은 보통 사람보다 용기가 엄청나게 많은 것은 아니다.
다만 5분쯤 더 용기가 지속되는 것 뿐이다.
용기란 견디는 힘이며
견디는 힘이 5분쯤 더 많다는 것은 재미 있는 표현이다.
왜냐하면 그 5분이 운명을 전환 시키는 힘이 되기 때문이다.
영웅이란 결국 좀 더 버티는 힘을 가진 사람이다.

– 에머슨

인내는 누구나 쉽게 할 수 있는 것이 아니다. 세상의 일중에 오래참고 기다리는 것이 가장 어렵다. 세상은 결국 인내와의 싸움이다. 누가 얼마나 오래 참고 버티느냐에 달려 있다. 오래 참고 기다리면 누구에게도 좋은 일이 생기는 법이다. 좋은일이 나에게 일어나지 않는 것은 좀 더 버티지 못했기 때문이다. 즉 인내력이 없어서이다. 버티는 힘은 오랜 고난과 수고를 통해서 얻은 힘이다. 인내는 단번에 돈을 주고 살수 없다. 인내의 힘은 가진 돈을 다 사용할 때, 그리고 빈털터리가 되어서 얻는 힘이다. 많이 가진 자에게 부족한 힘은 인내다. 이를 악물로 끝까지 버티라. 그냥 버틸려면 힘이 부친다. 그러나 믿음을 가지고 버티면 힘이 덜 들다. 그래서 사람들은 믿음을 가지려 하는 것이 아닐까.

인생의 낙

인생의 낙은 과욕애서 보다 절욕에서 찾아야 한다.

올바른 마음을 가지고 욕심을 제어 하면

그 속에 절로 낙이 있으며 봉변을 면하게 되리라.

허욕을 버리면 심신이 상쾌 해진다.

- 禮記

사람에게는 보이지 않는 마음이 있다. 사람이 볼 수 있는 그 마음에는 보이지 않는 것만 담을 수 있다. 그런데 사람들은 그 마음에 보이는 물질을 담으려 한다. 아무리 담아도 마음에는 물질을 담을 수 없다. 어리석은 일을 사람들은 지금도 바보같이 계속하고 있다. 아무리 물질이 많아도 마음의 공허를 채울 수 없다. 마음과 영혼을 담을 수 있는 것은 같은 종류일 때 가능하다. 마음은 마음으로, 영은 영으로만 가능하다. 그것을 찾아서 마음을 채워라.

기묘한 이야기

기묘한 이야기다.
행복이 지나가 버릴 때 까지는
좀처럼 알아 차리지 못한다.
그런가 하면 행복이 문 앞에 있는데도
좀처럼 알아 차리지 못한다.

– 데일 카네기

사람은 누구나 행복하고 싶어 한다. 그러나 막상 행복을 찾으려면 그것이 쉽지 않다. 좀처럼 행복이 어디에 있는지 알 수 없다. 행복을 찾기 위해서 노력하지만 대부분 방황을 한다. 그것은 너무 멀리 행복을 찾으려 하기 때문이다. 너무 큰 행복을 그리기 때문이다. 그런 사람은 행복이 지나가서야 알게 된다. 가족의 소중함을, 건강의 소중함을, 하루의 소중함을 있을 때는 잘 알지 못한다. 그것이 행복임을 알아차리지 못하고 뒤늦은 후회를 한다.

행복의 원리

행복하기는 지극히 쉬운 것이다.

심중에 사람을 사랑하면 되는 것이다.

그렇게만 하면 행복은 곧 얻어진다.

사람에게 사랑받기를 기다릴 필요가 없다.

사랑받지 못하는 자기 편에서 자진하여

사람을 사랑하면, 그때 곧 최대의 행복이 얻어지는 것이다.

주는 것이 받는 것 보다 복이 있다.

사랑하는 것은 사랑 받는 것 보다 즐거운 것이다.

― 우찌무라 간조

혹시 "내 인생이 왜 이렇게 슬플까?" 하고 생각하는 사람이 있다면 지금 즉시 내가 가진 것을 남에게 주어 보아라. 시간이든지. 아니면 물질이든지. 그것도 없으면 마음이라도… 정말 행복하고 싶으면 다른 사람에게 사랑을 주면 된다. 아주 간단하다. 그럼에도 사람들은 이것을 실천하지 않는다. 그리고 자신이 왜 불행한지 모르겠다고 말한다. 이렇게 보면 행복은 스스로 만드는 것이다.

참 기쁨은

조급히 굴지 말아라.
행운이나 명성도 일순간에 생기고
일순간에 사라진다.
그대 앞에 놓인 장애물을 달게 받아라
싸워 이겨 나가는 데서 기쁨을 느껴라.

— 앙드레 모로아

성취가 행복한 것은 아니다. 왜냐하면 성취했다고 생각한 모든 사람은 다 무너졌다. 우리는 그저 이루어질 것을 보고 계속 달려 갈 뿐이다. 성취하는 과정에서 진정한 성취의 즐거움이 있다. 등산을 하면서 즐거움과 산의 정상을 올라서 갖는 즐거움은 서로 다르다. 오랜 시간 동안 힘들여 등산을 하는 고통이 없다면 정상의 즐거움은 의미가 없다. 헬리콥터로 나를 정상에 내려 놓은들 그 사람이 정상의 즐거움을 과연 맛볼 수 있을까? 기억하라. 계속 도전하고 또 도전하며 앞으로 전진하는 그것이 인생이 얻을 수 있는 가장 큰 즐거움이다.

하루의 비유

하루라고 하는 것은

작은 하나의 생애로 볼 수 있으며

매일 아침 눈을 뜨고 잠자리에서 일어 날 때가

비로소 그날의 탄생이다.

선선한 아침은 청년기이고

오후는 장년기,

밤은 노년기인데

밤에 잠자리에 들어가서 잠이 들면

그 날은 죽어 버리는 것이다.

— 소펜하우어

매일 우리는 죽고 사는 연습을 한다. 밤에 잠자리를 들때면 이불을 덮으면서 무덤안에 들어가는 연습을 하고 아침에 자명종 소리에 눈을 떠 이불을 걷어 부치면서 일어날 때 다시 부활하는 연습을 한다.

언젠가 실제적으로 일어날 그날을 위해 매일 준비하는 것이다.

가난한 자나 부자나 모두 일반이다

나중에는 돈이 사람을 움켜 쥔다

가난하다는 것은 분명히 하나의 고통이다.

그런데 부자가 되면 고통이 해소될 것 같지만

사실은 그렇지가 않다.

실재에 있어서 돈을 가진 사람의 대부분은 지극히 인색하다.

나도 경험이 있지만 가난한 사람은 인색하지가 않다.

인색하다는 것은 돈 가진 사람의 공통점이다.

지금의 부자도 그가 가난하던 시절에는 돈이 생기면

자유롭게, 윤택하게,

나와 남을 위해 써 보겠다는 생각을 가졌던 것이다.

그러나 부자가 된 뒤로는 더 많은 돈에 욕심이 나서

돈 주머니를 단단히 졸라 매는 사람으로 변한다.

그들은 돈이 한푼이라도 축이 나는 것을 겁낸다.

가난한 사람이 불안 하듯

부자도 늘 불안하다.

빈부 어느 쪽이고, 불안과 고통을 가진 점은 일반이다.

– 몽테뉴

남에게 베푸는 것은 돈이 아니라 마음이다. 마음이 없으면 돈이 아무리 많아도 베풀지 못하고 마음이 있으면 돈이 아무리 작아도 남에게 기꺼이 베푼다. 돈으로 마음의 불안을 해소하려는 것처럼 어리석은 사람이 없다. 오히려 돈이 많으면 마음이 더 불안하다. 그럼에도 사람들은 부자가 되려고 애를 쓴다. 평생 그런 꿈을 갖고 사는 사람들이 있다. 평안은 마음에서 온다. 마음이 불안하면 아무리 세상 것을 얻어도 불안하다. 보이지 않는 마음을 채우는데 충실하라. 인간의 고통은 있으나 없으나 모두 다 가지고 있다. 그것을 해결하려고 하지 말라. 쓸데 없는 일이다. 괜히 시간만 낭비할 뿐이다. 하루의 괴로움이 있으면 그대로 받아들이고 그 안에서 평강을 얻는 방법을 선택하라.

우리가 가져야 할 장점

무엇이 제일 중요한 일인가?

그것은 사람들이 서로 이해 하고자 노력한다는 점일 것이다.

만약 나에게 장점이 있다면 바로 그것이다.

사람들을 가까이 하고 하나가 되는 점에 있다.

사람들 간의 차이가 커지면 안 된다는 주장을 하고 싶다.

우리는 서로의 차이점 보다

훨씬 더 많은 유사점을 가지고 있다.

또 비열한 점 보다는

더 많은 고귀한 점을 갖고 있다.

나는 그 점을 되풀이 해서 주장하고 있는 것이다.

- 휘트먼
(미국의 시인인 휘트먼이 늙었을 때 그의 친구에게 한 말)

세상이 왜 이렇게 살기가 힘든가? 그것은 서로 다른 점만 생각하기 때문이다. 그래서 갈등이 깊고 상대방을 비난한다. 나와 같은 점을 발견하면서 살아간다면 우리는 하나가 될 수 있고 사랑할 수 있다. 웬지 친하게 느껴진다. 사람을 만나보면 좋은 점이 생각 보다 많다. 그 사람만이 가지고 있는 고귀함이 있다. 내가 갖고 싶은 그런 고귀함이 주변 사람에게 많다. 서로 이해하고 좋은 점을 나누고 같이 하자. 아무리 물건이 아름다워도 사람의 마음보다 아름답지 못하다. 오늘도 그들과 함께 하는 것에 감사하자. 그리고 서로 축복하자. 혹시 나에게 강점이 없다고 생각한다면 이런 강점을 지금부터 꾸준히 기르자.

늘 우리를 맞아 주는 것

인생은 나그네 길이다.

오늘은 여기에 있으나 내일은

딴 데로 옮기게 된다.

오늘 사랑하고 친하던 사람을 내일은 잃어 버리게 된다.

그리고 새로운 모를 사람들이 우리 앞에 나타난다.

이렇게 방황하는 동안에 실망이 우리의 가슴을 파고든다.

그러나, 따듯한 우리를 맞아 주는 것이 있다.

그가 자란 정든 고향의 자연들!

고기가 물에 안기듯,

사람은 그가 얻은 자연의 품에 안길 때

맑고 높은 것을 얻는다.

사람은 속이지만, 자연은 우리를 속이지 않는다.

– 헤르만 헤세

자연은 조물주의 모습을 우리에게 보여주는 살아 있는 메시지이다. 조물주를 보고 싶으면 자연을 보라. 신성이 그 속에 배여 있다. 자세히 관찰하면 그동안 알지 못했던 진리를 찾을 수 있다. 사람은 수없이 속고 속이기에 그 진실을 모르지만 자연은 있는 그대로의 하늘의 뜻과 진리를 그대로 드러낸다. 봄에 뿌린 씨앗은 어김없이 가을이 되어야 열매를 맺는 것을 알려주는 것처럼 우리에게 가르쳐 주는 진리가 많다. 사람은 속이지만 자연은 속이지 않고 사람은 과장하지만 자연은 있는 그대로 보여준다.

자연의 섭리를 배우라

궁하면 즉 변하고
변하면 즉 통한다.
길이 막히는 곳에 가면
거기에 어떤 변화가 생겨서
새로운 활로가 열린다.
그것이 천지 자연의 섭리이다.

- 易經

하나님은 어디엔가 다 통하는 길을 만들어 주셨다. 하나님은 세상 모든 것을 통하게 하셨는데 인간들이 자기의 욕심을 위하여 이리저리 막아 놓았다. 그래서 소통하지 못하고 산다. 자연을 통해서 인생의 이치를 깨닫는 사람이 많다. 하지만 그것을 통해 자연을 만드신 분을 알지 못하면 그 깨달음은 헛된 것이다. 자연이 인간은 아니기 때문이다. 인간은 자연 보다 더 귀한 존재요 우월하다. 다만 인간이 그 가치를 잃어 버려서 자연 보다 못한 존재처럼 된 것이다. 자연은 인간을 위해 철저 봉사하는 존재다. 자신을 모두 바쳐 먹을거리를 인간에게 희생한다. 마치 충실한 종 처럼… 왜 그렇다고 보는가? 인간의 가치를 찾아서 고귀한 존재를 드러내라는 메시지는 아닐지. 인간을 만든 조물주의 뜻을 이루라는 것은 아닐까?

손해에서 이익을 얻으라

인생에서 가장 소중한 일은

이익을 이용하는 것이 아니다.

그런 것은 바보라도 할 수 있다.

정말로 중요한 일은 손해에서 이익을 얻는 것이다.

그러기 위해서는 지혜가 필요하다.

바로 그 점이 영리한 자와 어리석은 자의 갈림길이다.

— 윌리엄 보리스

손해는 내 것을 포기하는 것이오 이익은 내 것을 다시 찾는 것이다.

이것 때문에 우리는 수없이 싸우고 있지만 사실 내 것은 하나도 없다.

지금 내가 가지고 있는 모든 것은 모두 선물로 받은 것이다. 세상에 태어 날 때 가지고 온 사람은 하나도 없다. 물론 가지고 세상을 떠나는 사람도 없다.

그런데 왜 내 것이라고 생각하는가? 잠시 빌린 것임에도 그것을 내 것이라고 생각하는 바보가 있다. 그것 때문에 울고 분노하고 힘들어 한다면 그것은 어리석은 일이다. 본래 내 것이 아니었다고 생각하면 그렇게 화를 낼 수 없다. 내 것이 아니라고 생각하면 손해 보는 것은 그렇게 어려운 일은 아니다. 손해 볼때는 기꺼이 손해를 보라. 그것이 손해 보면서 이익을 얻는 길이다. 길게 보면 그것이 이익을 얻는 것이다. 물질적인 손해는 보았지만 사람과 관계를 깊어졌다. 나중에는 손해 본 것 보다 더 많은 이익을 얻게 된다. 설사 이익이 안 생겨도 서운 할 일은 아니다. 그냥 제자리로 돌아간 것이기 때문이다.

현재가 소중하다

인간은 현재가 가장 큰 가치가 있는 것을 모른다.
막연하게 더 나은 미래를 꿈꾸거나
헛되이 과거에 집착하고 있다.

— 괴테

현재는 미래의 머리이다. 머리를 잡고 가다 보면 언젠가는 미래의 꼬리가 보이게 된다. 사람들은 현재 보다 미래에 관심이 더 많다. 그러나 그렇지 않다. 현재 속에 미래가 있다. 정말 미래를 잘 가지고 싶으면 지금 있는 현재에 충실하라. 지금 만나는 사람이 나의 최고의 사람이다. 지금 하는 그 일이 나에게는 최고의 일이다. 그런 마음으로 충성하면 못 이룰일이 없다. 그 사람의 미래를 보고 싶은가? 지금 만나 보라. 얼마나 하루를 성실하게 사는지 그 모습을 보라. 그러면 그 사람의 미래가 어느 정도 보인다.

생각하는 사람

생활이란 생각하는 것이 그 본질이다.
인간의 존엄성은 오로지 사고에 있다.
인간의 내부에 있는 모순되는 두 요소
즉 천사의 일면과 금수의 일면과 어느 쪽이
나를 지배하는가는 나의 사고에 달려 있다.

— 파스칼

사람은 생각하는 존재다. 생각하는 그것이 곧 그 사람이다. 사람에게는 생각이 중요하다. 생각에서 모든 것이 나온다. 생각이 병들면 모든 것이 병든다. 사람을 외모로는 알 수 없다. 무엇을 생각하고 있는지를 보면 그 사람이 누구인지 알 수 있다. 사람은 생각이 병들지 않도록 각별히 주의해야 한다. 평소에 생각을 잘 관리해야 한다. 그 방법은 좋은 생각을 갖는 일이다. 좋은 생각은 귀와 입을 통해 이루어진다. 좋은 말을 듣고 좋은 말을 하는 일이 좋은 생각을 갖는 길이다. 어떤 말을 하고 사는지, 또 무엇을 듣고 사는지를 보면 그 사람의 생각을 알 수 있다.

한 마리의 제비를 보고

한 마리의 제비가

온 천하의 봄을 싣고 오는 것은 아니지만

한 마리의 제비가 경쾌하게 나는걸 보고

우리는 천하에 봄을 느낄 수 있다.

-채근담의 저자 洪自誠

하나를 보면 열을 안다는 말이 있다. 모든 것을 다 보지 않아도 아는 방법이 있습니다. 나타나는 징조나 시작을 보면 어느 정도 알 수 있다. 그것을 잘 살펴 보면 인생은 다 살지 않아도 지혜롭게 살수 있다. 모든 것을 다 경험하고서 바르게 살려면 시간이 없다. 경험하다가 그만 죽을 수도 있다. 어린나이도 인생을 깨달을 수 있다. 그 방법은 나타난 자연을 잘 살펴 보면 된다. 인간은 속임수에 능하지만 자연은 바보 처럼 진실 그대로를 보여준다. 사계절을 보면서 인생의 계절을 알 수 있듯이

세상이 돌아가는 것을 보면 어떻게 살아야 하는지 알 수 있다. 주변에 일어나는 일들을 그냥 지나치지 말고 곰곰이 생각해 보자.

돈의 힘

로마는 세계를 정복한 뒤 재정(돈)에게 정복을 당했다.

– 페트라크

세상에서 돈은 위대한 힘을 가지고 있다. 심지어 스스로 신이 되어 신의 역활을 자처 하기도 한다. 지금도 돈은 인간을 정복 하려고 애를 쓴다. 물론 돈이 인격은 아니지만 그것에 힘을 부여 하면 그 순간 돈이 인격이 된다. 돈이 무섭다거나 돈의 힘이 강하다고 하는 것은 이런 상태를 두고 하는 말이다. 세상은 한 마디로 돈과 싸움이다. 돈에게 정복 당하지 않으면 그는 모든 것을 정복하는 사람이다. 조심하라. 돈은 돈을 좋아 하는 수제자를 찾고 있다. 돈은 사람을 이용하여 세상을 지배하려고 하는 계략을 가지고 있다.

우리가 두려워 해야 할 것은

우리 독일 국민은 세상에서 두려운 것이 하나님 밖에 없습니다.

우리가 평화를 사랑하고 평화를 지키는 것도 실상 하나님이 두려운 까닭입니다.

우리에 맞서 평화를 깨뜨리는 자는 우리 조국의 상무정신이 어떻다는 것을 철저히 깨닫게 될 것입니다. 그 상무정신은 1813년에 그당시 약소국이었던 프러시아 왕국 전체 국민을 모범적 수준까지 불러 모았던 것입니다.

독일 공격하는 자는 누구를 막론하고, 독일이 무력으로 단합되고 모든 전사가 그의 가슴속에 하나님이 우리를 보호하리라는 확고부동한 신앙을 품고 있다는 것을 알게 될 것입니다.

– 비스 마르크

(독일의 재상으로 그의 정열적인 노력으로 독일의 통일이 이루어졌고 프러시아 유럽의 강대국이 되었다. 위의 연설은 1888년에 독일 연방의회 하원에서 '전쟁과 군비'라는 제목으로 연설한 내용의 일부분이다)

하늘을 두려워 하며 시작하는 일은 분명히 성공 하지만 하늘보다 사람이 두려워서 시작 하는 일은 꼭 실패한다. 나는 무엇을 믿는가? 살면서 아무것도 믿지 않는 사람이 많다. 이런 사람은 믿을 것은 자신뿐 이라고 말한다. 그러다가 자신이 한순간에 추락하면 스스로 목숨을 끊거나 삶을 포기하게 된다. 누군가 내 곁에 있어 주는 사람과 그렇지 않는 사람은 그 차이가 엄청나다.

행운은

장기적으로 볼 때

행운은

대체로 성실한 자에게 돌아 온다.

– 몰트게

그 사람은 행운이 좋은 사람이라고 말할때가 있다. 행운은 누구에게 찾아오는가? 행운은 기대하지 않은 데 찾아 온다. 행운은 행운을 바라는 사람에게는 오지 않는다. 이렇게 보면 행운은 요행이 아니다. 행운은 주위에 상관하지 않고 성실하게 하루를 살아가는 사람에게 주어지는 뜻하지 않는 하늘의 선물이다. 열심히 살다 보면 이런 행운이 누구나 한번쯤 오기 마련이다.

중요한 세 가지

인생에서 가장 중요 한 것은
원대한 목표를 갖는 동시에
그것을 달성할 수 있는 체력과 능력을 갖는 것이다.

– 괴 테

목표 만큼 이나 그것을 이룰 수 있는 능력을 갖는 것이 중요하다. 목표를 가져도 그것을 이룰 수 있는 힘이 없으면 안된다. 목표를 가진 사람은 그 다음 해야 할일이 실력과 체력이다. 실력은 그 목표를 이루기 위해 노력하면서 쌓는 힘이다. 이것은 배움을 통해서 이루어 진다. 그러나 그것만으로는 안된다. 체력을 길러야 한다. 원대한 목표를 갖고 많은 노력으로 실력을 가졌음에도 마지막에 체력이 뒷 바침 해주지 못해 꿈을 이루지 못한 경우가 생각 보다 많다.

양심 다음으로 건강이다

자신의 건강을 돌봐라.
그리고 건강하거든 하나님을 찬미하라.
훌륭한 양심 다음으로 건강을 소중히 하라.
건강은 우리 인간이 가질 수 있는 것 중에서
양심 다음으로 소중한 복이기 때문이다.
그것은 돈으로는 살수 없는 복이다.

- 윕 튼

사람은 두 가지로 구성이 되었다. 마음과 육체다. 마음을 건강하게 하는 것은 양심이지만 몸을 건강하게 하는 것은 체력이다. 이 두 가지를 균형있게 갖추는 것이 중요하다. 돈이 없어서 괴로운 것 보다 양심이 타락하여 괴로운 것이 더 참기 힘들다. 그럼에도 많은 사람들은 돈을 위해 양심을 기꺼이 팔아 버리는 사람이 있다. 또 돈보다 건강이 소중하다는 것을 알지만 보통 건강을 잃고 서야 깨닫는 경우가 많다. 사람에게는 마음과 건강 모두가 중요하다. 어느 하나를 잃으면 죽은 것과 마찬가지다. 만약 이 두 가지를 가지고 있다면 그는 행복한 사람이다.

오늘이라는 날

오늘이라는 날은 괴로움이나 후회 같은 황산으로

녹혀 버리기에는 너무나도 귀중한 날이다.

고개를 똑바로 들고

산속 계곡물에서 발산되는 빛으로

생각을 빛내자.

오늘이라는 날을 단단히 붙잡아야 한다.

두 번 다시 돌아 오지 않을 이날을.

— 데일 카네기

우리는 매일 하루하루를 맞이하면서 오늘이라는 날을 맞이 한다. 오늘이 나에게 있다는 것은 놀라운 하늘의 선물임을 알고 있는가? 지금도 내가 즐기는 오늘을 맞이하지 못하고 죽는 사람이 수없이 많다. 가장 중요한 축복은 오늘이라는 시간이 나에게 주어진 것이다. 평범한 이 진리를 아는 것도 복이다. 왜냐하면 오늘 하루를 감사하지 못하고 불평하면서 지내는 많은 사람들이 있기 때문이다. 두 번 다시 오지 않는 오늘을 마음껏 즐겨라. 그리고 감사하자. 가능하면 다른 사람과 오늘의 행복을 나누자. 설사 괴로움이 있는 하루라 할지라도 하루의 의미를 알면 그 괴로움은 반절로 감소가 된다.

고별사

나는 조국의 이익을 위하여 나의 모든 사심을 쏟아 바쳤다. 나는 이제 떠나간다. 그러나 나의 벗인 여러분은 계속하여 프랑스에 봉사하기를, 나는 프랑스의 행복만을 늘 생각했다. 앞으로도 언제나 나는 조국의 행복을 기원할 것이다.
나의 운명을 가슴 아프게 여기지 말기를
내가 살아남기를 원했다고 하면, 그것은 여러분의 영광에 도움을 주기 위한 것이다. 나는 우리가 한 몸 한 마음이 되어 성취되었던 그 위대한 업적의 역사를 기록할 작정이다.
안녕히! 여러분 모두를 나의 가슴에 꼭 껴안을 수만 있다면.

— 나폴레옹

(나폴레옹이 퇴위할 때 친위대 앞에서 한 연설로 비록 패장이었지만 당당하게 용기를 드러내는 영웅의 모습과 조국을 사랑하는 모습이 담겨 있다)

자기보다 타인을 사랑하는 사람은 아름답다. 인생의 가치는 타인을 위해 어떻게 자신을 기여하느냐에 달려 있다. 오늘도 나는 무엇을 위해 사는가? 이웃이 조금이라도 행복하고, 더 나아지는 그런 사회를 이루기 위해 애를 쓴다면 그는 행복한 사람이다. 가끔씩 그 속에 인간의 욕심이 들어간다 해도 우리의 마음만큼은 이웃의 행복과 조국의 미래를 향한 열정은 잃지 말자. 힘을 내자. 무엇을 하든지 그것이 다른 사람에게 조금이라도 유익이 된다면 그 일은 의미가 있다. 그런 일을 통해 나는 조금씩 성장해 간다. 그렇게 살다가 어느날 죽게 될지라도…

종교와 과학

종교 없는 과학은 불구요.
과학 없는 종교는 소경이다.

– 아인슈타인

과학의 목표는 종교이다. 종교는 과학이 있을 때 참된 종교가 된다. 만약 과학에 과학만 있고 종교가 없다면 그런 과학은 생명 없는 기계에 불과하다. 이런 면에서 보면 종교와 과학은 배치되는 것이 아니다. 과학은 완전하게 조물주의 창조의 원리와 가치를 증명해 내지 못한다 해도 많은 부분은 그것을 위해서 존재한다. 과학이 발전 하면 할수록 창조의 신비는 더욱 놀랍게 드러난다.

재물은?

재물은 오물과 같다. 이를 쌓아 두면 악취가 나고 이를 뿌리면 땅이 살찐다.

– 독일의 속담

돈은 사용하기에 따라 악이 되기도 하고 또 선이 되기도 한다. 어떤 사람은 돈을 더럽다고 생각한다. 그것은 돈을 쌓아 두는 것만 생각했기 때문이다. 꼭꼭 쌓아 두고 숨겨둔 재물은 냄새나는 법이다. 마치 음식물을 쌓아두는 것 처럼… 냄새나는 재물을 향기나는 재물로 바꾸는 길은 이웃과 나누는 일이다. 또한 돈은 음식과 같다. 음식은 내가 먹을 만큼 먹으면 나머지는 나누어야 한다. 그렇지 않고 계속 쌓아 두면 썩은 냄새가 진동한다. 역시 돈도 모아두면 냄새가 나지만 흩어 나누면 향기가 나는 법이다.

중요한 것은 생각이다

좋지 않는 행동은 되풀이 하지 않을 수도 있고

반성 할 수도 있다.

그러나 나쁜 생각은

모든 나쁜 행동을 낳게 한다.

— 톨스토이

사람은 생각의 동물이다. 어떤 생각을 하느냐에 따라 사람은 전혀 다르게 된다. 우리 생각에 나쁜 생각이 들어가지 않도록 늘 조심해야 한다. 조심하지 않으면 몸에 바이러스가 들어오는 것처럼 우리 생각에 나쁜 생각이 들어 온다. 나쁜 행동들은 나쁜 생각에서 비롯된 것이다. 내 마음에 나쁜 생각을 품고 있으면 나도 언젠가는 죄를 짓게 될 것이다. 사람에게 피해를 주는 나쁜 행동을 한 사람을 본다. 그 사람이 그런 나쁜 행동이 나오기까지는 오랫동안 나쁜 생각이 우리의 마음에 자리잡고 있었음을 알아야 한다. 하루 아침에 나온 것이 아닌 오랫동안 잠재 해 있는 나쁜 생각이 나쁜 행동으로 나온 것이다. 생각을 점검하자. 혹시 오늘도 나에게 나쁜생각들이 들어오지 않는지? 매일 매일 점검하자. 문지기가 출입하는 사람을 조사하듯이…

위대한 꿈을 가져라

위대한 포부가
위대한 사람을 만든다.

- 풀러

사람은 비전이 만든다. 어떤 비전을 품느냐에 따라 사람은 매일 달라진다.

사람은 밥만 먹고 사는 존재가 아니다. 꿈을 먹고 사는 존재다. 꿈이 없으면 그 사람은 죽은 것이다. 밥만 먹고 살면 그 인생은 동물이나 식물보다 못한 존재다. 동물은 죽어서 가죽을 남기고 식물은 죽어서 씨를 남긴다. 그러나 인간은 아무것도 아닌 흙으로 돌아갈 뿐이다. 위대한 꿈을 가져라. 그리고 그것을 이루기 위해 노력하라. 주어진 시간을 다 사용하라. 계속 이어갈 꿈을 다음 세대에 물려주어라. 그것이 내가 이 세상에 왔다 가는 이유다.

큰 것에 관심을 두라

적을 용서하고 깨끗이 잊어 버리기 위해서는
자기 자신 보다 무한히 큰 것에 마음을 쏟아야 한다.
그렇게 하면 경멸을 당하거나 미움을 받아도
그다지 큰 문제가 되지 않는다.
자기가 믿는 것
이외에는 아무 것도 염두에 없기 때문이다.

- 데일 카네기

우리가 다른 사람을 미워하고 또 시기하는 이유는 무엇일까? 그것은 상대방에 문제가 있다기 보다는 내 자신에게 있다. 내 자신이 허전할수록 이런 시기심은 더해진다. 나의 마음이 공허하면 다른 사람이 나쁘게 보인다. 하지만 마음에 좋은 것과 큰 것으로 가득 차 있으면 그런 것들은 보이지 않는다. 위대한 믿음을 가진 자는 작은 것에 연연해 하지 않는다.

성실성

성실성의 상실은
생명력의 상실이다.

— 보 배

세상은 때때로 성실한 자가 실패하는 것 같지만, 모든 성공은 성실한 자의 것이다. 성실성이야 말로 날마다 일에 생명을 불어넣는 일이다. 성실은 생명이기에 계속 성실하다 보면 언젠가는 꽃이 피고 열매가 맺힌다. 생명은 우리를 결코 속이지 않는다. 만약 성실성이 결여되고 있다면 나는 점차 죽어가고 있다고 보면 된다.

진실만을 말하라

깊고 무서운 진실을 말하라.

자기가 느낀 바를 표현하는 데 있어서

결코 주저하지 말라.

- 로뎅

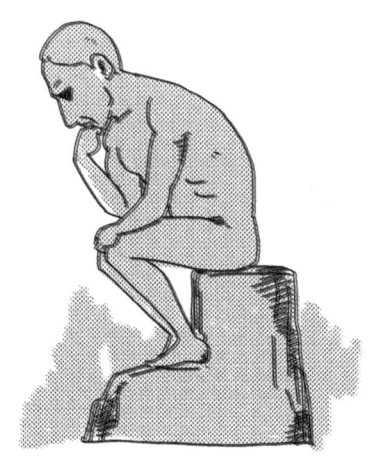

우리가 세상을 살면서 가장 사랑해야 할 것이 있다면 그것은 진실이다. 사람은 진실할 때 평안하다. 거짓된 마음을 가지면 늘 불안하고 평강이 없다. 그런 사람은 가져도 무언가 불편하다. 진실만이 우리가 끝까지 부여 잡아야 할 것이다. 왜냐하면 진실만이 우리를 끝까지 배반하지 않기 때문이다.

행복을 위한 처세법

기분 좋은 생활을 꾸며 보려고 생각한다면
지난 일을 자꾸 생각지 말 것.
공연히 화를 내지 말 것.
언제나 현재를 즐길 것.
특히 남을 미워하지 말 것.
미래를 하나님께 맡길 것.

– 괴테

삶의 좋은 규칙들을 가지고 있다는 것은 이미 그것만으로도 반절은 성공 한 것이다. 그것을 삶에 실천할 수 있다면 그것이야말로 온전한 성공에 이른 것이다. 당신은 오늘도 나를 지탱해 주는 좋은 삶의 규칙들을 가지고 있는가? 그리고 그것을 계속 실천하면서 이룰려고 노력하고 있는가? 하루에 하나 씩이라도 실천하다 보면 어느날 자연스럽게 나의 성품으로 몸에 밸 것이다.

현재

현재를 슬기롭게 이용하라.
그것은 그대의 것이다.

- 롱펠로

인생의 행복은 현재의 시간에서 결정난다. 불행한 사람들을 보면 현재를 소홀히 여겼던 사람들이다. 현재의 가치를 제대로 보는 훈련을 하라. 그것이 나의 행복을 키워주는 비결이다. 오늘 하루 만나는 사람, 오늘 하루 주어진 시간을 잘 활용하고 최선을 다해서 사랑하라. 모든 인생의 해답은 거기에 있다. 오늘의 시간은 나에게 주어진 유일한 시간이다. 내가 사용할 수 있는 자유의 시간이다. 더 이상 쓸수 없는 시간이 오기 전에 현재를 잘 사용해야 한다.

행복의 철학

증오와 고민에서 네 마음을 해방시켜라.
단순하게 살고, 기대를 조금 가지고
남에게 많은 것을 주어라.
네 생활을 사랑으로 채워라.
햇빛처럼 남에게 도움이 되라.
자아를 망각하고 남을 생각하라.
일 주일 동안만 이렇게 해 보면
너는 그 결과에 놀라지 않을수 없으리라.

— H.C . 매턴

우리가 하는 모든 것은 언뜻 보면 자기를 위한 것 같지만, 결국은 남에게 주기 위함이다. 남에게 줄 수 없는 것은 내 것이 아니고 쓸모없는 것들이다. 그런 것은 가능한 버리면 버릴수록 좋다. 오래 가지고 있으면 있을수록 나에게 해가 된다.

남에게 줄 수 없는 것은 유익한 것이 아니다. 그럼에도 우리는 그것을 움켜쥐고 있다. 복잡하면 남에게 줄 수 없다. 욕심이 있으면 다른 사람에게 베풀기 어렵다.

아주 간단하게, 간소하게, 검소하게 살아라. 그리고 어떻게 다른 사람에게 줄수 있는지 고민을 해보라. 그것이 나의 행복을 쌓아가는 비결이다.

사랑 없이는…

인생의 행복이란 객관적인 것이 아니다.
그것은 오히려 행복감의 문제인 것이다.
그리하여 이 행복감이라는 것은
거의 모든 사람들이 가지고 있으며 향유하고 있는 것이다.
사랑의 발전과 확대가 아울러 인생의 문제이며 성장인 것이다.
……
설사 건강 하지 않더라도
매우 행복할수 있다.
그러나 사랑 없이는
아무리 뛰어난 재능을 가지고 있다 할지라도
행복할 수 없다.

– 카알 힐티

행복을 만드는 원료는 사랑이다. 원료가 없으면 일단 원료를 공급 받아라.

누구에게나 무상으로 주어지는 그런 원료를 찾으면 더욱 좋다. 조건없이 받아야 조건 없이 줄 수 있다. 거저 받은 것은 거저 줄 수 있다. 그러나 대가를 통해 받은 것은 그냥 주기가 어렵다. 꼭 대가를 받고 주게 된다. 이것은 행복이 없다. 정말 행복하려면 조건 없이 받는 그 사랑을 찾아라. 그 사랑을 많이 받아 마음에 채워라. 사랑 받은 자처럼 행복하게 살아가라. 그리고 사랑을 나누어 주면서 살수 있다면 나의 행복은 갑절이 될 것이다.

그 누구도

모든 사람이 자유롭게 되기까지는

누구도 완전히 자유롭게는 될 수 없다.

모든 사람이 도덕적으로 되기까지는

누구도 완전히 도덕적으로 될 수는 없다.

모든 사람이 행복하게 되기까지는

누구도 완전히 행복하게 될 수 없다.

— 스펜서

이 세상에는 완전한 것이 없다. 불행은 완전함을 억지로 이루려고 했을 때 생긴다. 인간은 태생부터 불완전한 존재이기에 세상 마치는 날까지 완전함은 이룰 수 없다. 그저 인간은 완전함을 향해 달려 갈뿐이고 그것을 소망할 뿐이다. 인간의 완전함은 불완전을 알고 2% 부족을 깨닫는데서 시작된다. 자신의 부족을 많이 아는 것이 인간이 완전함에 이르는 길이다. 완전함은 신에게만 존재한다. 이런 불완전한 인간을 이해한다면 불완전한 인간을 사랑하기가 용이해진다.

죽음이 헛되지 않게 하기 위해

세상은 우리가 이곳에서 드리는 추도사를 주목하지 않을 것이거니와 오래 기억하지도 않을 것입니다. 하지만 사람들은 용사들이 이곳에서 이룩해 놓았던 업적을 영원히 잊지 않을 것입니다. 그러므로 이곳에서 싸웠던 사람들이 그처럼 탁월하게 진척해 놓은 그 미완성의 작업을 모두 마치기 위하여 이곳에서 몸을 바쳐야 하는 것은 오히려 생존자인 우리들입니다.

우리 자신 스스로 이곳에서 우리 앞에 남아 있는 대과업에 헌신해야 하겠습니다.

즉 명예롭게 죽은 용사들로부터 우리는 가중된 헌신을 받아 들이고 있는 바

그것은 그들이 최종적인 발전의 단계를 충분히 마련해 놓았던 그 대의를 위한 것입니다.

우리는 이곳에서 그들의 죽음이 헛되이 돌아가지 않으리라는 굳은 결의를 하는 것이며 하나님의 가호 밑에 이 나라가 자유의 새로운 탄생을 누리게 하리라는 것과 국민의 국

민에 의한 국민을 위한 정부가 이 지구상에서 멸망하지 않으리라는 굳은 결의를 하는 바입니다.

– 아브라함 링컨

(위의 글은 링컨이 1863년 11월 19일 팬실버니아 주 게티즈 버어그에서 행한 민주주의를 이 이상 간략하게 설명할 말이 없을 정도로 유명한 연설문 중에 일부분이다.)

세상은 나 혼자 이룰 수 없는 모두의 작품이다. 훌륭한 세상을 만드는 일은 얼마나 합심하여 그 일을 이루느냐에 달려 있다. 위대한 일은 누구혼자의 작품이 아니다. 가는 실과 다양한 색깔로 이루어진 아름다운 융단은 모든 실이 엮어져 이루어진 것이다. 인류의 위대한 역사도 마찬가지이다. 위대한 일을 계속 이어가는 민족은 위대하다. 위대한 일을 그치지 않고 계속 이어가는 가문은 명문가이다.

내가 받은 위대한 유산은 무엇인가? 그것을 잘 이어가기 위해서 나는 어떤 노력을 하는가? 위대한 것일수록 혼자가 아닌 모두 함께 협력해서 이루어 가는 것이다.

항상 기도하고 있단다

염려하지 마라

하나님은 너를 인도하신다.

하나님의 뜻을 따라서 바르게 걸어가야 한다.

나는 너를 위해서 항상 기도하고 있단다.

— 성 프란체스코 어머니

인간이 하는 일을 보면 대단하다. 그렇지만 늘 그런 것은 아니다. 세상을 살다 보면 인간이 아무리 노력해도 안 되는 일이 있다. 그만 손을 놓고 그저 하늘만 바라 볼 때가 있다. 이때는 누구나 자신의 무능력을 느끼면서 한숨을 쉬며 한없이 좌절하기 쉽다. 불치병으로 사형선고를 받은 사람에게 의사나 과학이 할수 있는 일은 없다. 그저 죽음을 기다리는 일 이외 다른 대안이 없다. 세상에 이런 일은 많다. 이때 인간이 할 수 있는 유일한 것이 기도하는 일이다. 하늘의 도움을 구하는 간절히 시간이다. 이것은 종교를 가지지 않는 사람도 연약함을 느끼는 순간 하나님을 찾는다. 자기도 모르게 기도를 하게 된다. "하나님 제발 도와 주세요" 세상 일중에 자식 키우는 일도 그중에 하나다. 부모가 낳았지만 부모 마음대로 안되는 것이 또한 자식이다. 기도하는 자식은 결코 망하지 않는다. 기도 하는 부모는 결코 실망하지 않는다. 지금도 자녀를 위해 기도하는 수많은 어머니들이 있다. 그 기도로 지금도 위대한 자녀가 만들어 진다.

악마를 만드는 교육

종교 없는 교육은 지혜 있는 악마를 만든다.

— 웰링턴

우리는 사람을 교육할 때 교육과 종교를 분리하려고 한다. 왜 그럴까 의문이 든다. 오히려 종교가 인간 교육이 필요한데도 그것을 한사코 거부하는 이유는 무엇일까? 거기에 학교 교육의 딜레마가 있다. 아무리 교육해도 인성은 더 험악해진다. 그것은 종교 없는 교육이 되었기 때문이 아닐까? 생명 없는 교육은 하면 할수록 피곤할뿐 이고 그런 교육은 인간을 더욱 불행하게 만든다.

어머니의 위대성

삼가 어머니 앞에 머리를 숙여라.
어머니는 모세를 낳았고
…예수를 낳았다.
지칠줄 모르고 우리들을 위해 연이어 위대한 인물을
이 세상에 낳아 주신 어머니에게 머리를 숙여라.
위대한 인물은 모두가 어머니의 자식이며
그 어머니의 젖을 먹고 자라났다.
세계가 자랑거리로 삼는 것을 낳은 것은
모두 어머니인 것이다.

— 고리끼

어머니의 위대함을 모르는 사람은 사람이 될 수 없다. 세상은 어머니로 인하여 이루어진 것이다. 어머니를 순종하고 공경하지 않으면 거기에는 위대함도 없다. 그 사람이 사람답게 사는지를 보려면 그의 어머니를 대하는 모습을 보라. 어머니에게 머리를 숙이지 않고 그를 존경하지 않으면 어떤 위대한 능력도 무의미하다. 그것은 뿌리가 죽은 나무와 같다.

갈수록 더 쉬워진다

우리가 하고자 하는 일은
점점 더 쉬워진다.
그것은 그 일의 성격이 변해서가 아니라
그 일을 하는 우리의 능력이 증대되기 때문이다.

— 에머슨

일이 어려운 것은 일이 힘들기 때문이 아니다. 일을 감당할 수 있는 우리의 능력이 아직 계발 안되었기 때문이다. 일은 하면 할수록 쉬워진다. 조금만 더 인내하고 계속 훈련하고 배우라. 어느 때가 되면 누구든지 능력을 발휘할 수 있다. 한 분야에 10년 정도 노력하고 수고하면 누구나 그 분야의 전문가가 될 수 있다. 문제는 그 10년을 버티지 못하기 때문이다.

누구도 빼앗을 수 없는 것

강제 수용소에서 살던 우리는

자신의 마지막 빵 조각을 다른 사람에게 건네주고

그들을 위로하면서 막사를 나간 사람들을 기억한다.

그들은 수적으로 적을지라는 몰라도

인간에게서 모든 것을 빼앗아 가도 한가지만은

빼앗을 수 없다는 것을 충분히 보여 주었다.

그것은 인간이 가진 자유 가운데 마지막 것.

어떤 주어진 일련의 환경속에서

자신의 태도를 선택하는 것.

자기 자신의 방법을 선택하는 자유다.

사실 강제 수용소에서는 늘 선택해야 할 것들이 있었다.

날마다 시시각각으로 결정을 내려야 했으며

그 결정은 우리 한테서 우리의 자아

우리의 내적 자유를 빼앗겠다고 위협하는 힘들에

우리가 굴복할 것이냐 저항 할 것이냐를 판가름 하는 것이었다.

그것은 또한 우리가 환경의 노리개가 되느냐 마느냐를 판가름 하는 것이었다.

- 빅터 프랭클
(나치 독일의 끔찍한 수용에서 있으면서 느낀 것)

인간은 자신만이 가진 잠재적인 능력이 있다. 그것은 선택의 자유를 통해 이루어진다. 인간은 누구든지 이 자유를 잘 사용만 한다면 어떤 어려움도 이길 수 있다. 우리가 불행한 것은 인간이 가진 고유한 자유를 환경에 빼앗겨 버렸기 때문이다. 잘못된 선택이 우리를 힘들게 한다. 어떤 결정을 내려야 할지 그것을 배워야 한다.

그것이 교육의 목적이 되면 어떨까?

어머니 당신

하고픈 얘기가 많았습니다.
저는 퍽 오랫동안 타향으로 떠돌았지만
그 어느 때고 저를 가장 이해해 주시는 분은
어머니 당신이었습니다.
당신께 드리려고 오랫동안
마음먹었던 맨 첫 선물을
어린애 같은 손에 황송스레 받쳐 든 지금
당신께선 두 눈을 감으시고 말았습니다.

그런데도 제 자신 이 시를 읽으면
이상스레 슬픔이 가시는 것 같습니다.
이를데 없이 인자하신 당신의 손길이
무수한 실 줄로 친친 저를 감싸주고 계시기에.

- 헤르만 헤세
(어머니의 영전에서 비통해 하면서 어머니에게 지어 바친 글)

어머니의 사랑을 받고 태어난 사람들은 누구든지 이 세상을 사랑하는 힘을 가지고 태어난 사람들이다. 우리는 어머니께 받은 그 사랑의 힘으로 세상을 살아간다. 멀리 갈 것 없다. 지금 당장 나에게 있는 어머니께 받은 그 사랑의 힘을 사용하라. 그것으로 세상을 사랑하고 또한 나를 사랑하라.

현미경으로 보는 세상

현미경을 달라.
그러면 무신론을 파괴해 보이겠다.

– 갈릴레이

종종 하나님을 보여 달라고 말한다. 그들은 눈에 보이는 우주 만물의 신비를 설명할 수 없으면서도 단순히 우연으로 돌리고 하나님이 없다고 말한다. 사실 유신론을 증명하기 보다는 무신론을 증명하는 것이 훨씬 어렵다. 현미경으로 세상을 보면 아무리 이해하려고 해도 이해가 안 되는 신비한 일들이 너무나 많다. 그냥 이루어진 것이라고 보기에는 현미경으로 보면 더욱 어렵게 된다. 자신의 몸만 자세히 살펴 보아도 그것은 쉽게 이해가 된다.

습관

사람은 반복적으로
행하는 것에 따라 판명된 존재다.
따라서 우수성이란 단일 행동이 아니라
바로 습관이다.

— 아리스토텔레스

잘하는 것은 반복적인 훈련과 습관에 의하여 된 것이다. 인간의 모든 행동도 결국 습관의 산물이다. 오래 연습하면 된다. 좋은 성품을 맺고 싶거든 좋은 생각과 좋은 언어를 계속 사용하라. 생활속에 습관화 하라. 거룩한 것도 마찬가지이다. 닮고 싶은 사람을 정하여 그 사람의 모습을 연습하라. 생각으로는 안된다. 실제 그 사람처럼 행동하고 말하고 살아가라. 처음에는 힘들지라도 점차 그것이 나의 삶으로 자리 잡게 될 것이다. 우수한 인물이 되는 것은 간단하다. 이것을 반복적으로 행동하고 습관화 하면 된다. 문제는 게으름이다.

뒤바뀌면 안된다

가장 중요한 것이 가장 하찮은 것에
의해 좌우 되어서는 안된다.

- 괴테

인생에서 성공할려면 중요한 것과 중요하지 않는 것을 분별하는 지혜가 필요하다.

인생을 실패하는 사람은 부수적인 것에 매달려 중요한 것을 포기하는 사람들이다.

무엇이 중요한지 그것을 먼저 찾아라. 그리고 그 일에 매진하라. 그러면 인생이 여유가 있다. 하지만 중요한 것을 아직 찾지 못하면 바쁘게 살지만 인생은 갈팡 질팡 한다. 그런 사람일수록 하는 일 없이 시간이 너무 빨리 간다. 그리고 늘 부족한 그일 때문에 안타까워 한다. 인생 역시 만족도 없다.

분명한 목적을 가져라

성공적인 인간은 실패자들이 하기 싫어 하는 일을
기꺼이 하는 습관을 가지고 있다.
그들은 필요에 의해 해야 하는 일을 좋아 하지 않는다.
그 대신 싫어 하는 일도 목적이 분명하면 수행한다.

- E.M 그레이의 '성공의 공통 분모에서'

인생은 내가 이끌어 가는 것이 아니고 목적이 이끌어 간다. 조금 늦더라도 일을 시작하기 전에 바른 목적을 가지는 것은 중요한 일이다 . 목적이 없으면 하기 쉽고 편한 일만 찾는다. 감각에 이끌린 일만 하게 된다. 어려워 보이는 일은 좀처럼 도전을 하지 않는다. 그러다 보면 꼭 해야 할 일을 하지 못한다. 인생은 때로는 목적을 이루기 위해서는 정말 하고 싶지 않는 일도 해야 할 때가 있는 법이다.

재상이 된 것은

내가 하나님을 믿지 않으면 순간도
재상의 자리에 앉아 있을 수 없다.

– 비스 마르크

"왜 인간이 하나님을 믿어야 하는가?" 하고 물으면 그중에 하나는 겸손 때문이라고 말할 수 있다. 인간은 하나님이 없으면 겸손은 불가능하다. 왜냐하면 하나님 없으면 결국은 자신이 모든 것을 차지하기 때문이다. 설사 다른 사람을 높여도 하나님이 없으면 결국 다 같은 것이 된다. 하나님 이야기를 하면 늘 불편해 하는 사람이 있다. 어쩌면 하나님을 믿기 싫은 이유는 자신이 주인이 되고 싶어서일 수도 있다. 그런 사람은 늘 위험하다. 언제 어떻게 교만에 이를지 아무도 모르기 때문이다. 그를 제어할 장치가 없기에…

한 걸음 한 걸음 걸어가라

인생은 자고 쉬는데 있는 것이 아니라

한 걸은 한 걸음 걸어가는 그속에 있다.

-로버트 브라우닝

잠을 자는 것은 걸어가기 위해서다. 만약 인생이 잠만 자고 쉰다면 그것은 더 이상 살아가야 할 의미가 없다. 그 일은 죽을 때가 되면 자연적으로 하는 일이다. 인생을 멈추지 말고 한걸음 씩 걸어가라. 그 속에서 인생의 즐거움을 찾아라. 한 번에 너무 많은 걸음을 내딛지 말라. 그렇게 해서는 멀리 갈 수 없다. 금방 지치게 된다.

한 번에 너무 큰 걸음을 하다 보면 주변을 보지 못하고 즐겨야 할 것을 놓쳐 버린다. 작지만 할 걸음 씩 차근 차근 하게 인생을 걸어가라. 그것이 인생을 가장 잘 사는 길이다. 각자 갈 길이 다르기에 빨리 목적지에 도착한다고 부러워 하지 마라. 나는 나만의 길이 있고 나만의 목적지가 있는 법이다.

봉사는 세금이다

봉사는 내가 지구상에 사는 특권에 대해
지불해야 할 일종의 세금이다.

- 엘든 태너

봉사는 이 세상에서 해야 할 마지막 일이다. 노인이 될 수록 우리는 봉사에 더욱 힘을 다해야 한다. 그동안 쌓아온 모든 것을 총 동원하여… 이때를 위해 사용해야 한다. 그것이 그동안 세상에게 받은 은혜를 갚는 길이다. 그냥 이대로 인생을 마칠수는 없다. 그동안 받은 빚을 봉사로 갚아야 한다.

우리 시대의 특징

우리 시대의 특징은

수단만을 중시하고 목적을 경시하는 것이다.

– 알버트 아인슈타인

수단은 목적을 위해서 존재한다. 목적을 이루기 위해서는 여러 가지 수단이 필요하다. 그것을 이루기 위해 가장 효과적인 수단을 찾아서 사용하는 것은 당연한 일이다. 그런데 슬픈 것은 목적이 사라지고 보이는 수단만 남을 수 있다는 점이다. 방법만 난무하면 방향을 잃은 삶이 될 수 있다. 왜 이것을 하는지도 모른 채 하루 하루 살기에 급급하게 된다. 잠시 멈추어서 나의 인생의 방향과 목적지가 어디인지 때때로 살펴 볼 필요가 있다.